INTRODUCCIÓN

Información Relevante de la Presente Edición.

Hola que tal mis apreciados lectores. Antes que todo gracias por adquirir este extraordinario libro sobre **HIPNOSIS** que escribí pensando en ti.

Antes de comenzar quiero comunicarte de algunos cambios esenciales que he venido realizando en esta **3ª EDICIÓN ESPECIAL.** Si posees algunas de mis versiones anteriores comprobaras que he llevado a cabo algunas revisiones y actualizaciones muy importantes en las últimas ediciones ya que me parecieron necesarias para lograr cumplir el propósito por el cual escribí este libro para ti.

Entre los cambios que he realizado he incorporado una serie de ejemplos y ejercicios prácticos relacionados con la lección de algunos de los capítulos más relevantes del libro. En los pocos casos en los que edite el texto o cambie parte del contenido han sido para adaptar mejor las enseñanzas presentadas en la presente obra.

Estas modificaciones son casi imperceptibles en la mayoría de los casos ya que ante todo he querido respetar el manuscrito original y la idea principal del presente libro con sus defectos y virtudes. Por lo que en las pocas ocasiones en las que he incorporado ciertas ideas, he agregado algún punto adicional o he añadido algunos elementos de interés para mis lectores es porque me ha parecido conveniente necesario y de vital importancia para la correcta aplicación de los principios de la *"Hipnosis moderna, trance y fenómenos hipnóticos, hipnosis ericksoniana y freudiana, sugestiones e inducciones hipnóticas, hipnosis conversacional, patrones hipnóticos persuasivos e hipnosis de espectáculo"* contenida en esta edición especial.

Si has tenido la oportunidad de leer algunos de mis otros libros has podido apreciar que tanto el estilo literario de mis escritos, así como el estilo característico tipográfico que utilizo al momento de plasmar mis ideas pretenden un único propósito. Ayudarte a desarrollar el máximo de tu potencial humano llevándolo a un siguiente nivel muy superior. Que te permitirá comprender mejor los conceptos, definiciones y plan de acción que comparto con todos ustedes con el fin de ayudarlos a interiorizar estos principios vitales y esenciales a su propia vida generando así, los resultados esperados.

Para lograr este objetivo al final de algunos capítulos claves comparto una gama de ejercicios que te permitan poner en práctica la esencia de lo que acabas de estudiar. De igual manera, también les ofrezco una serie de recapitulaciones o principios básicos para reflexionar que te ayudarán a reforzar lo que has aprendido.

*** ~~~*** ~~~*** ~~~

TE IMAGINAS todo lo que puedes lograr conseguir al aprender aplicar estos principios y leyes universales del éxito en tu propia vida. ¡AHORA ES POSIBLE!

*** ~~~*** ~~~*** ~~~

DEDICATORIA

Dedicado especialmente para TI "APRENDIZ"

Que el contenido de este presente libro *"**EL PODER DE LA HIPNOSIS - Manual Teórico-Práctico de Formación en HIPNOSIS y el Desarrollo de las Habilidades Hipnóticas Secretas** © ®"*. Te aporten las herramientas que requieres para comenzar a desarrollar tus habilidades hipnóticas al siguiente nivel.

Y esta es mi intención para TI.

Atentamente...

Tu Gran Amigo YLICH TARAZONA

*** ~~~*** ~~~*** ~~~

EL PODER DE LA HIPNOSIS

Manual Teórico - Práctico de Formación en HIPNOSIS y el Desarrollo de las Habilidades Hipnóticas Secretas

Extraordinario libro donde te daré a conocer los SECRETOS de la HIPNOSIS, los fenómenos y estados de trance más impactantes. También te enseñare a dominar la hipnosis ericksoniana, aprenderás a utilizar las sugestiones, las inducciones y los patrones hipnóticos persuasivos. Así como también aprenderás a dominaras la hipnosis conversacional y la hipnosis de espectáculo en un fantástico proceso de formación donde te compartiré las metodologías modernas más avanzadas y las técnicas estratégicas más eficaces que llevaran tus habilidades hipnóticas al siguiente nivel.

En este LIBRO en su EDICIÓN ESPECIAL aprenderás a:

• Reprogramar tu mente consciente y subconsciente a través de las Metodologías y Técnicas más Efectivas de la HIPNOSIS y la AUTO HIPNOSIS.

• Aprenderás a dominar inducciones sugestivas, así como las sugestiones y patrones hipnóticos más eficaces que te permitirán consolidar tu capacidad para generar trances y fenómenos hipnóticos de alto nivel en tus sesiones de coaching, hipnoterapia, show de espectáculo, audiencia y público en general.

• Te enseñare a desarrollar el pensamiento táctico * estratégico y la comprensión de los procesos mentales y psicológicos en la dinámica holística que existe entre la mente *(Neuro)*, el lenguaje *(Lingüística)* y la interacción entre ambas *(Programación)*. Lo que te permitirá usar correctamente la hipnosis y la persuasión junto a las herramientas más eficaces de la PNL y la reingeniería mental para reforzar tu aprendizaje y formación.

• Contarás con un plan de acción bien claro y definido paso a paso, que te permitirá desarrollar las habilidades hipnóticas y persuasivas necesarias para alcanzar nuevos estados de trance hipnótico deseados *(mentales, emocionales y psicológicos)*.

•Aumentar tu CÍRCULO DE POTENCIA y tu NIVEL DE FUERZA *(Nivel de Autoridad o Fuerza Practica "FP")* a un NIVEL SUPERIOR que te permita desarrollar tus habilidades hipnóticas para crear órdenes, inducciones, sugestiones y patrones hipnóticos de manera más óptima y efectiva.

Serie: PNL, Life Coaching, Influencia, Persuasión e Hipnosis - Volumen 1 de 4

3ª Edición Especial Revisada Actualizada y Extendida

(Incluye Ejercicios Prácticos y Plan de Acción)

Hipnólogo e Hipnoterapeuta Ylich Tarazona

Escritor y Conferenciante Internacional

*** ~~~*** ~~~*** ~~~

ESTILO LITERARIO Y TIPOGRÁFICO DE MIS OBRAS

Las enseñanzas que contienen mis libros en su gran mayoría son una poderosa combinación de **METÁFORAS, PARÁBOLAS, ALEGORÍAS, EJEMPLOS, HISTORIAS, FRASES CÉLEBRES** y **CITAS INSPIRADORAS** que he venido recopilando y compendiando en el transcurso de los años de diferentes fuentes tales como libros y obras de diversos autores.

El objetivo de utilizar este **ESTILO LITERARIO** es que este tipo de expresiones conceptos e ideas son capaces de estimular subjetivamente en la mente del lector una gran variedad de **SENSACIONES MULTI SENSORIALES** tanto a nivel *(Visual, Auditiva y Kinestésica)* que permiten evocar imágenes sonidos sensaciones emociones y sentimientos en la mente del lector. De esta manera a través del aprendizaje de **REPRESENTACIONES SIMBÓLICAS** y **LENGUAJE FIGURADO** los lectores pueden adquirir las ideas principales.

Otras de las metodologías que empleo al transcribir mis libros es que utilizo diferentes **ESTILOS TIPOGRÁFICOS** introduciendo una variedad de **COMBINACIONES** tales como: Signos de puntuación, **negritas**, *cursivas*, <u>subrayados</u>, conjunciones de minúsculas y MAYÚSCULAS entre otras repeticiones conscientes de ideas y enseñanzas transmitidas varias veces de diferentes maneras una y otra vez, pero en distintos contextos y situaciones para grabarlas en su mente consciente y subconsciente.

Así como también en ocasiones "cambio estratégicamente la forma de escribir y expresar mis ideas intencionalmente en primera y segunda persona" mientras transmito la información con el fin de hacer la lectura más dinámica, didáctica versátil y placentera para todos mis lectores.

<u>**IMPORTANTE**</u>: Si esto llegase a parecer inadecuado o incorrecto en cierto momento para algunos de mis lectores; quiero anticipar de antemano, que no se trata en modo alguno de un descuido por mi parte o desconocimiento de edición y transcripción de la obra. Al contrario, esta metodología literaria y tipográfica **TIENE UN CLARO OBJETIVO** y **PERSIGUE UN FIN CONCRETO**. "confía en mí". - **TIENE UNA FINALIDAD ESPECÍFICA PARA TU PROCESO DE FORMACIÓN Y APRENDIZAJE**". Así que abre tu mente y disfruta de la lectura.

Antes de continuar es importante destacar que en el transcurso del libro también se incorpora una serie de **DECLARACIONES POSITIVAS, AUTOAFIRMACIONES EMPODERADORAS** basadas en una metodología estratégica de la **PNL** a través de una serie de **COMANDOS HIPNÓTICOS ENCUBIERTOS** y **PATRONES HIPNÓTICOS PERSUASIVOS** que permitan al lector incorporar dichas **SUGESTIONES** e **INDUCCIONES SUBLIMINALES** en su mente consiente y subconsciente produciéndoles así cambios radicalmente positivos en su estructura mental y psicológica creándoles nuevas conexiones neuronales más empoderadoras.

*** ~~~*** ~~~*** ~~~

<u>**NOTA**</u>: En las versiones audibles como en los casos de los audiolibros utilizo fondo musical junto a combinaciones de sonidos abstractos de la naturaleza y **ONDAS BINAURALES** y **FRECUENCIAS HOLOFÓNICAS** *(3D / 8D)* en diferentes hercios *(Hz)*. A fin de inducir ciertos estados positivos en el cerebro.

Entre los muchos beneficios que ofrecen estas poderosas herramientas; es que propician el aprendizaje acelerado, la reflexión consciente, la adecuada asimilación de las ideas, la agilidad mental, la estimulación de la creatividad, la relajación, la concentración y la meditación entre otras muchas ventajas. Como se han demostrado en los numerosos estudios realizados sobre el tema. *Entre ellos la* **TESIS DOCTORAL** *de Pedro Miguel González Velasco Doctor en Neuro-Ciencia de la* **UNIVERSIDAD DE MADRID FACULTAD DE PSICOLOGÍA** *las cuales nos reportan los excelentes y maravillosos efectos positivos de estos sonidos tanto a nivel psicológico como fisiológicos.*

El propósito de introducir esta **GAMA DE ESTILOS LITERARIOS, TIPOGRÁFICOS, METAFÓRICOS, BIAURALES** y **HOLOFÓNICOS** *(Estos dos (2) último sólo en los casos de los audiolibros)* fusionado con un variado conjunto de **TÉCNICAS MODERNAS** y **METODOLOGÍAS AVANZADAS** de la **PROGRAMACIÓN NEUROLINGÜÍSTICA, REINGENIERÍA MENTAL, NEURO-COACHING** y **AUTO HIPNOSIS** entre otras herramientas. Es para permitirles a mis lectores recibir una enseñanza transformacional más útil holística e integral que les permita **ADOPTAR NUEVAS IDEAS** evitando así la menor resistencia al cambio y creando un mayor impacto *psíquico - emocional* en el proceso de *retención - aprendizaje*.

Dirección del Enlace la tesis doctoral de Pedro Miguel González Velasco

http://eprints.ucm.es/21680/1/T34524.pdf

*** ~~~ *** ~~~ *** ~~~

CAPÍTULO I: PRINCIPIOS DE LA HIPNOSIS Y LA SUGESTIÓN HIPNÓTICA A TRAVÉS DE LA HISTORIA

Primera Parte: Breve Reseña Histórica de la Hipnosis

Hola que tal, campeones y campeonas, este libro en particular es muy especial para mí, ya que la HIPNOSIS y la SUGESTIÓN son una de las herramientas y metodologías de la comunicación más poderosas que me impactaron cuando comencé mi camino en el estudio de esta maravillosa disciplina. Por tal motivo, quiero compartir con todos ustedes estos conocimientos de manera simple, adentrándolos en este tema tan fascinante y a la vez tan complejo, de forma sencilla pero eficaz.

Una buena forma de introducirnos en este maravilloso mundo de la HIPNOSIS es transitar por su historia a través de los siglos. De este modo, recorriendo juntos TÚ y YO a través del tiempo, comprenderemos más acerca de este fenómeno. Y, por ende, estaremos en mejores condiciones para entenderla, comprenderla y aplicarla. Les propongo, por lo tanto, que demos un breve recorrido histórico, que nos sirva para contextualizar la HIPNOSIS y todos los aspectos relacionados con ella.

Para comenzar podemos decir que la HIPNOSIS al igual que la SUGESTIÓN es tan antigua; como la humanidad misma, es decir que existen desde los primeros orígenes de la historia, en el momento en que los seres humanos se comunicaron.

Es importante destacar, claro está, que la HIPNOSIS ANTIGUA ha evolucionado, y ha tenido muchas "formas de prácticas" y muchos "nombres antiguos" a lo largo de toda la historia. Posteriormente, este componente esotérico y terapéutico fue evolucionando y desarrollándose en la práctica tal y como la conocemos hoy en día.

Aprendiz, lo primero que debes saber es que el arte de la HIPNOSIS ANTIGUA, fue un proceso MÍSTICO y TERAPÉUTICO progresivo, que fue desarrollándose y evolucionando gradualmente a través de los años, por medio de un largo y costoso recorrido, seguramente con precisiones y errores, éxitos y fracasos, mitos y realidades, especulaciones y acierto, hasta llegar a nuestros días.

Nadie sabe con certeza los orígenes de la sugestión mental y la HIPNOSIS ANTIGUA. Ya que, desde los comienzos de la historia humana, existen muchos indicios de que los hombres de todas las civilizaciones y culturas primitivas utilizaban procedimientos hipnóticos sugestivos con fines tantos místicos, mágicos, curativos, esotéricos como terapéuticos entre ellos, en el alivio del dolor, así como también en ciertas patologías psíquico-mentales y espirituales.

La HIPNOSIS y la SUGESTIÓN HIPNÓTICA en sus muchas variantes, ha sido utilizada por diferentes culturas milenarias a través de los años. Muchas NACIONES ANTIGUAS utilizaban este tipo de prácticas entre sus rituales. Conocidos hoy día como ESTADOS DE "TRANCE HIPNÓTICO" que están descritos en jeroglíficos, pergaminos, papiros y en otros cientos de escrituras desde épocas muy antiguas.

Por ejemplo: En las culturas no occidentales africanas se empleaba la HIPNOSIS ANTIGUA sobre todo por parte de los *"curanderos" y "brujos"* quienes entraban en una especie de estado de trance como parte de sus ceremonias de curación y purificación.

Por otra parte, los antiguos pueblos como los mayas, aztecas, persas, griegos, egipcios y los sumerios utilizaban también la hipnosis como medio de sanación. Principalmente entre los *(sacerdotes y chamanes)* que provocaban un estado de trance llamado "**SUEÑO MÁGICO**" a través de la imposición de las manos, ofrenda a los dioses y ancestros, así como otros rituales caracterizados con cantos y bailes con un ritmo monótono.

La sugestión hipnótica, así como la **HIPNOSIS** es una vieja ciencia estudiada y utilizada al servicio de la humanidad. **Por ejemplo**: Se han encontrado evidencia de la práctica de una clase de hipnosis utilizada por los antiguos egipcios hace unos 4.500 años a la que llamaban la **CURA DEL SUEÑO** que era un estado de trance también conocido como "**SUEÑO MÁGICO**". Entre otras grandes civilizaciones de las que se han encontrado registros históricos de prácticas hipnóticas podemos mencionar a las antiguas naciones sumerias, persas, sirias, babilónicas y griegas quienes empleaban un tipo de HIPNOSIS mágica con distintos fines tanto médicos, curativos como sanadores.

*** ~~~ *** ~~~ *** ~~~

Aprendiz, como hemos podido leer en los párrafos anteriores la HIPNOSIS, así como la SUGESTIÓN han existido a través de la historia. Entre las civilizaciones de las que se tiene registro histórico comprobado en el uso de este tipo de habilidades mentales y psíquicas, podemos mencionar a los antiguos sumerios, babilonios, los sirios, los magos antiguos de persas, los griegos y los sacerdotes egipcios.

Aparte de las civilizaciones ya antes mencionadas, también se han encontrado hallazgos de antiguos maestros y monjes chinos, budistas, tibetanos e hinduista *(quienes practicaban una especie de meditación, que les hacía entrar en un estado de trance profundo que se conoce como estado de iluminación).*

Otros increíbles hallazgos han demostrado que también los curanderos, magos y médium de las antiguas civilizaciones africanas que *(entraban en una especie de trance hipnótico catatónico & cataléptico al practicar sus bailes ritualistas y religiosos)*

Y finalmente podemos nombrar a los chamanes de las culturas prehispánicas y mesoamericanas tales como los mayas y aztecas *(quienes hacían entrar en un sueño profundo "epifanía" a los miembros de las tribus, a través de bebedizos mágicos, hongos alucinógenos y cientos de otras experiencias místicas ancestrales).*

*** ~~~ *** ~~~ *** ~~~

Como hemos estudiado hasta ahora aprendiz, las primeras manifestaciones de la HIPNOSIS ANTIGUA se practicaron en épocas pasadas a través de cánticos misteriosos, bailes ritualistas de ritmos monótonos, invocaciones a dioses o ancestros, pases enigmáticos, conjuros relacionados a supuestos poderes mágicos, místicos y milagrosos. Otros rasgos característicos de la HIPNOSIS ANTIGUA era que se creía tener visiones y manifestaciones espirituales (EPIFANÍA) donde para entrar en estos estados místicos dominaban el cansancio o "SUEÑO MÁGICO", que permitía la cura de trastornos funcionales entre otras sanidades tanto mentales como espirituales.

De hecho, este tipo de teatralización alrededor de la hipnosis antigua fue las causantes de muchos de los mitos, tabúes, especulaciones y falsedades que existen aún hoy en día alrededor de la práctica de la HIPNOSIS MODERNA.

**** ~~~ *** ~~~ *** ~~~*

Las antiguas civilizaciones se dieron cuenta de que la HIPNOSIS ANTIGUA era un arma tremendamente poderosa que ejercía un poder y una gran influencia en las personas. Y este conocimiento les permitió desencadenar unas fuerzas enormemente increíbles en la mente subconsciente de sus súbitos.

Naturalmente, ellos deseaban tener ese poder oculto solo bajo su control absoluto, así que rodearon a la HIPNOSIS de "magia" y de toda una serie de rituales y ocultismo. Aquellos hechiceros, magos, brujos, chamanes y sacerdotes antiguos sabían que la gente suele resistirse a las "explicaciones sencillas", y que suele considerar más ciertas, místicas y misteriosas las explicaciones más complicadas y difíciles, por lo que rodearon la hipnosis de todas esas teatralidades *(muchas de ellas inútiles e innecesarias).*

Por esa razón aprendiz, cuando aquellos hechiceros, magos, brujos, chamanes y sacerdotes practicaban la HIPNOSIS ANTIGUA realizaban extraños rituales lleno de simbolismos, canticos, círculos mágicos, pases enigmáticos, palabras claves y evocaciones a los dioses y ancestros, así como también la utilización de velas, incienso, sonidos extraños, entre otras cosas. Y todas esas teatralidades y dramatizaciones innecesarias tenían como único fin. Y el propósito era mantener a la HIPNOSIS como algo ocultista, mística, esotérica y mágica, fuera del alcance de la gente común, es decir de sus súbitos. Ya que ellos percataban que aquellas personas incautas que presenciaban esos supuestos rituales creían que aquel poder supuestamente sobrenatural de la HIPNOSIS ANTIGUA era los que les curaba, era los que les proporcionaban sanación a través de aquellos "rituales complejos", aquellas "invocaciones a dioses" y aquellos dibujos "místicos", cánticos y simbolismos. Cuando en realidad era la propia SUGESTIÓN MENTAL de la persona la que surtía efecto y los *(hechiceros, magos, brujos, chamanes y sacerdotes lo sabía muy bien).*

Ellos entendían que era la propia mente del paciente la que realizaba la curación, por medio del poder sugestivo de la hipnosis antigua. Y eso exactamente de igual manera aprendiz, es lo que ocurre hoy en día. Más de 4,000 años después, cientos de supuestos hipnólogos clínicos e hipnoterapeutas modernos, así como cientos de hipnotistas e hipnotizadores de espectáculos siguen manteniendo la HIPNOSIS como algo ocultista, mística y esotérica, trayendo como consecuencia la gran cantidad de tabúes, mitos, falsedades y especulaciones que existen aún hoy en día alrededor de esta práctica.

¿AHORA APRENDIZ, YA PUEDES ENTENDER PORQUE HAY TANTA CONFUSIÓN ALREDEDOR DE LA HIPNOSIS?

¿Si la HIPNOSIS es REAL porque entonces hay tanta especulaciones, mitos y falsedades a su alrededor?... *¿Ahora puedes entender de donde salieron todas esas especulaciones, mitos y falsedades que existen hasta el día de hoy?...*

El propósito de este libro es enseñarte claramente toda la evolución histórica por la cual ha pasado la HIPNOSIS ANTIGUA como lo venido haciendo hasta ahora. Mi objetivo con esta obra es demostrarte que la HIPNOSIS MODERNA es REAL; pero que al igual que muchas otras prácticas antiguas, esta llego a nuestros días con muchas tergiversaciones. Y mi intención es aclararte todas esas dudas, desmentir todas esas falsedades y despejarte las incertidumbres, al igual que también demostrarte su eficacia, preséntate las pruebas *"médicas y científicas"*, corroborándote su valides terapéutica comprobando su vigencia en nuestro tiempo.

Así que, sin más preámbulos, mis apreciados lectores continuemos...

Ante de continuar aprendiz, y para ir aclarando el asunto y traer más luz sobre este tema, considero apropiado e importante destacar en esta parte del capítulo que, aunque en aquellas épocas se utilizaban los patrones hipnóticos y la sugestión, éstas no se le conocía con estos nombres específicos en particular, sino hasta tiempo más recientes. Ya que estos términos aludidos a la HIPNOSIS MODERNA. Son una invención reciente. Es decir, son una creación lingüística actual y un vocablo moderno, utilizada por la ciencia actual presente, así como en otras ramas de la medicina terapéutica y ciertos sistemas esotéricos de la nueva era.

Te explico un poco más aprendiz, para ir adentrándonos más en el tema y puedas tener una mejor comprensión de lo que te estoy enseñando. No sería sino a hasta mediados de los años 1700 y 1800 aproximadamente de nuestra era, cuando se inicia el primer estudio sistemático de lo que se conocería al principio como un estado mental psico-fisiológico especial. Ya que, solo fue a partir del siglo XVIII, cuando se comenzó a utilizar los patrones hipnóticos, la sugestión y la persuasión de forma abierta como la conocemos hoy día en la ciencia médica moderna.

La HIPNOSIS comenzó a tomar credibilidad científica y terapéutica a raíz del descubrimiento desarrollado por **Franz Anton Mesmer** del "MAGNETISMO ANIMAL" posteriormente llamado **MESMERISMO**, que más tarde por medio de **James Braid** se le conocería y se le popularizaría con el término de **HIPNOSIS**.

Franz Anton Mesmer fue el precursor en el siglo XVIII de lo que se conocería posteriormente más adelante como HIPNOSIS. Mesmer fue el precursor que dio a conocer un tipo de hipnotismo moderno. Ya que este empleo un modelo sistemático sugestivo y persuasivo de la HIPNOSIS convencido de que a través de la "CURA MAGNÉTICA", conocida como el "MAGNETISMO ANIMAL" posteriormente llamado "MESMERISMO" podía curar muchas enfermedades.

Franz Anton Mesmer tenía un doctorado en Medicina y Filosofía a sus 35 años en Viena, escribió su tesis doctoral titulada DE PLANETARIUM INFLUXU, influenciada por las teorías de Paracelso (1234-5678) sobre la interrelación entre los cuerpos celestes y el ser humano. *Mesmer* formuló la famosa *Teoría del Magnetismo Animal* que nos venía a decir que todo ser vivo irradia un tipo de energía fluídica similar o parecida al magnetismo físico de otros cuerpos, y que este campo energético podía transmitirse de una persona a otra, llegando a tener una aplicación terapéutica.

Mesmer vino con una nueva y reciente teoría o forma de tratar las enfermedades de las personas a través de la supuesta CURA MAGNÉTICA o "MAGNETISMO ANIMAL" que tenía que ver supuestamente con la interrelación entre los cuerpos celestes y el ser humano, y que aparentemente esta influencia ayudaba a la gente a mejorar su salud. Sus ideas y teorías, no se basaban en conceptos hipotéticos de hipótesis no comprobadas como una ciencia terapéutica real. Sino más bien, gracias a sus valiosas aportaciones sobre el "magnetismo animal", Mesmer dio lugar a la introducción de nuevas ideas más precisas y revolucionarias sobre lo que en realidad sería la HIPNOSIS MODERNA en nuestros días, años después.

Mesmer tenía la creencia que, entre todos los campos magnéticos conocidos por la ciencia hasta ese momento, existía un campo energético al que él llamaba campo animado, que supuestamente era un líquido que fluía en la vida. Él definió la salud como el libre fluido de la materia. Que supuestamente era un líquido que fluía por medio de miles de canales a través de todo el cuerpo humano.

Para el Mesmerismo la enfermedad era el resultado de la obstrucción de ese libre fluido energético. La liberación de este campo animado y la consecuente restauración de este fluido en el cuerpo a través de la hipnosis CURA MAGNÉTICA o "MAGNETISMO ANIMAL" que daban como resultado la supuesta mejora de la salud.

Mesmer tenía la extraña creencia que cuando la naturaleza no hacía ese libre fluido espontáneamente en las personas, entonces debían ponerse en contacto con un conductor del supuesto "MAGNETISMO ANIMAL" que para Franz Anton Mesmer era una condición necesaria y suficiente para restablecer la salud del paciente.

En otro orden de idea, Franz Anton Mesmer creía que él era un conductor de ese supuesto magnetismo animal y que él podría influir en la conducción de ese fluido y supuestamente restablecer ese campo energético al que él llamaba campo animado.

Entre una de las cualidades de esta extraña manera de hipnotizar, Mesmer hacia ciertos movimientos con sus manos desde los hombros del paciente hacia debajo, y era común que realizara estos movimientos con ciertos imanes o magnetos.

*** ~~~*** ~~~*** ~~~

Es importante destacar en este punto aprendiz que, aunque LA HIPNOSIS ES REAL Y PRACTICA en tiempos antiguos se aplicaba diferente. Para entender la teoría propuesta por el Mesmerismo, tenemos que comprender que para los siglos XXVIII y XIX la idea popular de aquel entonces entre la comunidad médica científica ortodoxa, era que había algunos supuestos flujos invisibles energéticos o influencia viajaban desde el "hipnotista o hipnotizador" hasta el paciente.

Por tal razón, en la época de Franz Anton Mesmer la HIPNOSIS de aquellos años, fue vista por muchos como algo en el que solo el HIPNOTISTA o HIPNOTIZADOR era el único responsable de llevar al paciente a esos supuestos ESTADOS DE TRANCE HIPNÓTICOS; y que los hipnotistas o hipnotizadores eran los únicos capaces de llevar a la gente a esos estados hipnóticos a través de las instrucciones e inducciones que supuestamente ellos le deban. Trayendo como consecuencias la prolongación y creación de más TABÚES, MITOS y ESPECULACIONES a alrededor de la hipnosis. Mitos, tabúes y falsedades que aclarare más adelante en detalles.

Para continuar con la idea anterior aprendiz, y entender mejor el concepto del MAGNETISMO ANIMAL o MESMERISMO como se le conoció posteriormente, es de vital importancia comprender también que para el tiempo de Franz Anton Mesmer este tipo de procedimientos magnéticos o fluídicos era una especie de HIPNOSIS rodeada de teatralidades y dramatizaciones que tenían como único propósito mantener a la HIPNOSIS como un procedimiento ocultista, esotérico y místico.

*** ~~~ *** ~~~ *** ~~~

Cómo y cuando surgió el termino de HIPNOSIS

Como ya me referí antes, el término de HIPNOSIS tal cual cómo se usa y se conoce hoy día, empezó a popularizarse aproximadamente hace dos siglos en Francia.

La palabra "HIPNOSIS" provino del vocablo griego "**HYPNOS**" que significa **SUEÑO** y la expresión "**SIS**" sufijo que significa **ACCIÓN, proceso** o **resultado de**…

Por lo tanto, la HIPNOSIS sería **una acción o proceso de resultado de un estado mental de "hiper sugestionabilidad"** también llamada **estado de trance hipnótico** tal y como fue definida, introducida y popularizada por el ya nombrado **James Braid en 1843**, personaje del cual también hablaremos detalladamente más adelante.

En otras palabras, aprendiz, para este *James Braid* el verdadero origen y la esencia de la condición hipnótica era a través de la sugestión, la inducción, la abstracción o concentración mental del individuo en una idea en particular, en el que, como en un sueño simbólicamente hablando, los poderes de la mente humana quedan absortos y enfocados a una sola idea o línea de pensamiento. *Creando como resultado, según James Braid que en ese momento el ESTADO DE TRANCE HIPNÓTICO permitiera que el individuo conectara con su* **inconsciente** *o* **mente subconsciente**, *creando una indiferencia consciente del resto de las demás realidades a su alrededor, abandonado así, todas las demás opiniones e impresiones del pensamiento del factor crítico, creando de esta manera nueva realidad subjetiva en el sujeto.*

*** ~~~ *** ~~~ *** ~~~

Práctica de la HIPNOSIS en Tiempos Actuales

Como lo afirmaba en los párrafos anteriores, fue alrededor de tan solo hace unos 200 a 300 años, a finales del SIGLO XVII y comienzo del siglo XVIII, que la HIPNOSIS, y la SUGESTIÓN comenzaron a popularizarse y tomar credibilidad científica, y ser practicadas en manos de profesionales médicos, así como otros psiquiatras, neurofisiológicos, psicoterapeutas y especialistas de otras ramas profesionales antiguas así como modernas, que descubrieron que este tipo de TERAPIA HIPNÓTICA producía excelentes resultados subjetivos y mentales en la mejora de sus pacientes, haciéndose popular tanto en épocas pasadas, como en nuestros días.

El análisis histórico de los **Fenómenos de la Sugestión** y de la **Hipnosis**, como lo hemos venido estudiando hasta ahora, nos demuestra su constante desarrollo y evolución progresiva, que junto a los estudios e investigaciones recientes han producidos unos cambios cualitativos y cuantitativos a través de los años. Actualmente nadie niega que la SUGESTIÓN y la HIPNOSIS actúan sobre la psique de las personas; es decir, que pueden influir sobre la fuerza o intensidad de fenómenos psíquicos como la percepción, la sugestionabilidad, la memoria, el pensamiento, los sentimientos, la imaginación, la creatividad, los recuerdos y la voluntad, entre otros.

Hoy día aprendiz, es conocida la estrecha relación existente entre los aspectos somáticos y psíquicos (Cuerpo-Mente) del ser humano. Está científicamente demostrado que cualquier cambio fisiológico y bioquímico en el organismo provoca cierta reacción psíquica y viceversa. Por eso se utilizan los términos psicosomático y somatopsíquico.

Y sobre ambos aspectos es posible trabajar actualmente con la HIPNOSIS, como una terapia efectiva en ambos campos.

Claro está, que la utilización de la HIPNOSIS y la SUGESTIÓN como recurso psicoterapéutico ha tenido que recorrer un sinfín de adversidades a través del tiempo, y recorrer caminos llenos de obstáculos y desafíos en su desarrollo y evolución histórica; pero finalmente se ha podido comprobar su carácter **médico-científico** y su significativo valor terapéutico en la medicina moderna, convirtiendo la HIPNOSIS en una de las terapias más reconocidas mundialmente.

Entre los hombres más conocidos y renombrados de la historia a quienes se les atribuyen los estudios pioneros de la HIPNOSIS MODERNA podemos mencionar y destacar a los siguientes personajes históricos:

Personajes históricos pioneros en la investigación de la hipnosis

• El ya antes mencionado **FRANZ ANTON MESMER** (1734 + 1815), nacido en Alemania, conocido como el padre de la hipnosis moderna, fue un médico alemán que descubrió lo que él llamó MAGNETISMO ANIMAL, *(que se refiere principalmente a la SUGESTIÓN)* y que otros de sus seguidores años después, lo denominaron MESMERISMO. Franz Anton Mesmer obtuvo su doctorado en medicina en 1766, realizó sus primeros experimentos en 1773 utilizando una técnica que llamó y dio a conocer como "CURA MAGNÉTICA"; él usaba elementos magnéticos (IMANES) para tratar a sus pacientes. Sin embargo, más adelante se concluyó que lo que Mesmer hacía era inducir o sugestionar a sus pacientes a un estado alterado de la mente mediante SUGESTIONES o Patrones Hipnóticos Persuasivos.

Mesmer realizó su primera publicación referente a la Cura Magnética en 1775. En noviembre de 1841 un Magnetizador conocido como LA FONTAINE, quien practicaba el Mesmerismo, introdujo a James Braid al mesmerismo y sus experimentos, siendo este el que popularizo el término de hipnosis.

• Más tarde, la revolución y evolución de las ideas y prácticas hipnóticas de *Franz Anton Mesmer* desarrollador del *Magnetismo Animal* y el *Mesmerismo*, hicieron que el ya mencionado **JAMES BRAID** (1795+1860) doctor neurocirujano escocés, desarrollara, definiera, introdujera y popularizara el termino de HIPNOSIS e HIPNOTISMO en la comunidad médica científica tal y como se le conoce hoy día.

Aunque luego el mismo James Braid tiempo después tratara de cambiar el nombre de "HIPNOSIS" por el seudónimo de «**MONOIDEISMO**» haciendo acotación a la teoría que el proponía refiriéndose a la *(Fijación en una sola idea)*. Pero la rápida popularización del término y la aceptación internacional del nombre «HIPNOSIS» impidieron que el cambio al seudónimo de «Monoideismo» se diera en fechas subsiguientes, de forma que la denominación del vocablo HIPNOSIS permaneció inalterada hasta nuestros días.

James Braid causo un cambio en el paradigma del mesmerismo de siglo XVIII y principios del siglo XIX. Braid después de observar demostraciones del mesmerismo creía supuestamente haber descifrado el por qué las personas iban a ese estado particular de trance hipnótico, y reafirmaba que no tenía nada que ver con esos supuestos flujos de fuerzas magnéticas propuestas por Mesmer.

Braid sugirió una base más psicológica para el magnetismo animal y concluyo que el estado del mesmerismo (Hipnosis) era causado por la fatiga de un nervio óptico mientras se mantenía fijo la mirada en punto en particular, por lo tanto, la asociación de enfocar la vista en péndulos, luces estroboscópicas o discos hipnóticos entre otros era lo que producía dichos estados hipnóticos y no los imanes como tal.

Al parecer James Braid al principio de su teoría pasaba por alto, que la SUGESTIÓN VERBAL era tan importante en el trance hipnótico como el ENFOQUE VISUAL. Ya que el hecho de que el ENFOQUE VISUAL era lo que causaba que los ojos del paciente se sentirían cansados y sus parpados se serraran al enfocar su vista en los péndulos, las luces estroboscópicas o discos hipnóticos, como es lógico, claro está. Pero era la SUGESTIÓN VERBAL, a través de las INDUCCIONES ORALES lo que verdaderamente sumergían a las personas a entrar en el ESTADO DE TRANCE HIPNÓTICO deseado.

Más tarde, en sus escritos, parece cambiar el énfasis de su teoría, aunque no abandona por completo la fijación de los ojos, ya que señaló que no se trataba sólo de la mirada por medio del ENFOQUE VISUAL, lo que producía el trance hipnótico, sino que era la SUGESTIÓN VERBAL a través de las inducciones orales lo que permitía que el ojo de la mente entrara en acción. En otras palabras, cuando nos enfocamos en algo a través del ENFOQUE VISUAL y la SUGESTIÓN VERBAL, la mente consciente queda fascinada, permitiendo que el subconsciente se enfoque en torno a una sola idea o línea de pensamiento, produciéndose así el fenómeno hipnótico esperado.

Aprendiz, a modo de recapitulación, podemos afirmar que: James Braid definió a la HIPNOSIS como «Un estado particular del sistema nervioso, que podía ser provocado artificialmente por medio de una serie de procedimientos estratégicos desarrolladas para tal fin» conocidas como técnicas de fijación de los ojos creadas por James Braid, preparadas para causar fatiga en el nervio óptico a través de la estimulación o enfoque visual y que través de las sugestiones verbales e inducciones se producían los fenómenos hipnóticos deseados.

Como ya hemos leído anteriormente aprendiz, fue entre los años 1842 y 1843 que James Braid popularizo el termino de HIPNOTISMO e HIPNOTISTA entre la comunidad médica científica, cambiando el nombre de MESMERISMO a HIPNOSIS, haciendo referencia a los Templos del Sueño Egipcios.

Todo esto después de la famosa publicación de su libro *"Neuro-Psicología, o la razón del sueño nervioso considerado en relación con el magnetismo animal, ilustrado por numerosos casos de aplicación con éxito en el alivio y la curación de la enfermedad"* o *"Neurypnology, or the rationale of Nervous Sleep considered in relation to Animal Magnetism, Ilustrated by Numerous Cases of Succesful Aplication in Relief and Cure of Disease"* donde utiliza el término "hipnotismo" para referirse a un estado de trance o "sueño nervioso", que manifestaba era normal debido a la fijación y cansancio palpebral al mantener la mirada fija en un objeto brillante como podría ser el ("péndulos"), las ("luces estroboscópicas") o los muy conocidos ("discos hipnóticos").

Como ya nos hemos referido previamente también, la palabra HIPNOSIS fue inspirada del vocablo griego **"Hypnos"** que significa **SUEÑO** y la expresión **"Sis"** sufijo que significa **acción, proceso o resultado de**… Queriendo James Braid traer como acotación metafórica y simbólica a la HIPNOSIS como un estado de adormecimiento o trance profundo similar al sueño.

Por tal razón, la HIPNOSIS hoy día es comparada metafóricamente a ese estado similar al sueño o estado de relajación profunda, haciendo referencia a los **Templos del Sueño Egipcios.** Pero finalmente tenemos que comprender y puntualizar que: **La HIPNOSIS REAL es muy diferente al SUEÑO FISIOLÓGICO que conocemos como (DORMIR)".**

Por tal razón, el mismo James Braid años después al darse cuenta de que las manifestaciones del estado hipnótico no tenían debidamente nada que ver con el sueño fisiológico normal que conocemos como el acto de DORMIR, trató de cambiar el nombre en varias oportunidades.

Su idea era cambiar el nombre de "HIPNOTISMO" por el calificativo de «**MONOIDEISMO**» que hacía más acotación a la hipótesis que él había desarrollado de la fijación de los ojos o ENFOQUE VISUAL que era la (Fijación en una sola idea).

Pero fue tan rápida la popularización y la aceptación del término «HIPNOSIS» a nivel universal que impidió en años sucesivos lograr que tal cambio ocurriera, de tal forma, que la denominación del término HIPNOSIS permaneció inalterado hasta nuestros días.

 • **BERNHEIM** y **LIÉBEAULT**: **Hippolyte Bernheim** (1840-1919) médico francés psiquiatra nacido en Alsacia, que era profesor agregado de la facultad de Medicina de Estrasburgo, definió a la HIPNOSIS como «Un estado mental en el que se producía un grado de hiper sugestionabilidad exaltada». Este mismo Hippolyte Bernheim contactó con un médico rural, **Ambroise-Auguste Liébault**, (1823-1904) fundador de la Escuela de Nancy, en la ciudad francesa de Nancy 1886, dedicado al estudio de la sugestión hipnótica en el cuidado de la salud. Bernheim y Liébault desarrollaron un MÉTODO HIPNÓTICO muy parecido al que se emplea en algunas ramas psicoterapéuticas hoy en día. Esta metodología se apartaba completamente de las turbias teatralidades y dramatizaciones del Método Mesmeriano. Creando un tipo de hipnosis más terapéutica enfocada en las sugestiones verbales y las inducciones orales como parte del proceso psicoterapéutico sin hacer alusión o referencia al magnetismo animal.

Hippolyte Bernheim y Ambroise-Auguste Liébault crearon la "Escuela Psicológica de Nancy", auténtica pionera en el estudio de la hipnosis moderna, y opuesta a la "Escuela Neurofisiológica de París" del Hospital de la Salpetriére, fundada por el neurólogo francés más importante de aquellos tiempos *Jean-Martin Charcot.*

La "Escuela Psicológica de Nancy" aunque poco reconocida en su época, tuvo una gran trayectoria e influencia, trabajo de forma reservada compartiendo publicaciones abiertamente, que se convirtieron en las predecesoras enseñanzas de la moderna medicina psicosomática, y de las aplicaciones del TRANCE HIPNÓTICO en este tipo de enfermedades (Psíquico * Mentales).

 • **JEAN-MARTIN CHARCOT** (1825-1893) Uno de los neurólogos más influyentes de aquella época, era profesor de anatomía patológica, titular de la cátedra de enfermedades del sistema nervioso, miembro de la academia de medicina 1873 y de la academia de ciencias 1883, que junto al médico **GUILLAUME DUCHENNE** (1806-1875) investigador clínico francés del siglo XIX, considerados como pioneros en la neurología y la fotografía médica, fundaron la "Escuela Neurofisiológica de París" pionera de la neurología moderna.

Ambos impartían sus lecciones de neurología, incluyendo psiquiatría e HIPNOSIS, siendo mucha más reconocida que la "Escuela Psicológica de Nancy". Una de las diferencias que presentaban ambas escuelas era que la DOCTRINA DE CHARCOT, denominaba a la HIPNOSIS como «Neurosis Experimental» manifestando que solamente se podía hipnotizar a los enfermos histéricos, mientras que la "Escuela Psicológica de Nancy" afirmaba que la hipnosis podría practicarse psicoterapéuticamente en muchos otros casos.

Contrario a las ideas de Bernheim y Liébeault, Jean-Martin Charcot postuló que la hipnosis era un síntoma de histeria; y que, por tal razón, solamente las personas que la experimentaban eran las que podían ser hipnotizables.

- **James**, **Prince**, **Sidis**: El interés de la HIPNOSIS se mantuvo en los Estados Unidos a través de los escritos de **WILLIAM JAMES** (1842-1910) filósofo estadounidense con una larga y brillante carrera en la Universidad de Harvard, donde fue profesor de psicología y fundador de la psicología funcional y gran creador de literatura relacionada con la HIPNOSIS. Por otra parte, **MORTON PRINCE** (1854-1929) Psiquiatra y psicoterapeuta norteamericano contemporáneo con *William James*, fue un adversario declarado del *Freudismo*, pero brillante partidario de la HIPNOSIS.

Morton Prince fue uno de los pioneros de la "Escuela Bostoniana de Psicoterapia" y finalmente otro contemporáneo fue **BORIS SIDIS** (1867-1923) Psicólogo y licenciado en medicina y filosofía, era un psiquiatra que publicó numerosos libros y artículos sobre HIPNOSIS, destacando principalmente en psicología anormal, interesados por las extrañas manifestaciones hipnóticas de ciertos pacientes histéricos con doble personalidad o con personalidad múltiple.

- **PIERRE-MARIE FÉLIX JANET** (1859-1947) conocido simplemente como *Pierre Janet*, fue un psicólogo y neurólogo francés que hizo importantes contribuciones al estudio moderno de los desórdenes mentales y emocionales y fue quien acuñó los conceptos de MENTE CONSCIENTE e INCONSCIENTE y SUBCONSCIENTE.

Pierre Janet usó la HIPNOSIS como un método para acceder a las capas más desconocidas de la conciencia. Desarrollando originalmente la teoría de *disociación* y *neodisociación*, que argumentaba que la «**DISOCIACIÓN**», literalmente era la separación de algunos componentes de la conciencia, como resultado de su trabajo con pacientes histéricos.

Pierre Janet creía que la HIPNOSIS era resultado de la disociación, y que las áreas del control del comportamiento de un individuo están separadas del comportamiento ordinario. Pierre Janet presuponía que la posibilidad de la formación de una consciencia secundaria se daba por disociación. Es decir, que en el estado de trance hipnótico se producía la formación de una segunda consciencia que durante la HIPNOSIS tomaba momentáneamente el lugar de la consciencia normal.

Esta interesante idea es compartida también por otros muchos investigadores en la actualidad, se trata en definitiva de un estado controlado de disociación psíquica, como la definía **Christenson** «La HIPNOSIS no produce disociación por sí misma, sino que emplea más bien la disociación existente entre consciente y subconsciente del sujeto para producir el fenómeno hipnótico» En este caso, la hipnosis quitaría algo de control de la mente consciente, lo que permitía que el individuo respondería con un comportamiento autónomo y reflexivo.

- **JOSEF BREUER** (1842-1925) médico, fisiólogo y psicólogo austriaco descubridor de la función del oído en la regulación del equilibrio y del mecanismo de la regulación térmica del cuerpo por medio de la respiración. Creador del "MÉTODO CATÁRTICO" para el tratamiento de las psicopatologías de la histeria a través de la HIPNOSIS. Dicho método fue precursor del método psicoanalítico de *Sigmund Freud*.

• **SIGMUND FREUD** (1856-1939) médico neurólogo austriaco de origen judío, padre del PSICOANÁLISIS y una de las mayores figuras intelectuales del siglo XX empleaban la REGRESIÓN HIPNÓTICA como base para llegar al análisis de los contenidos inconscientes traumáticos. Freud abandonó más adelante la técnica hipnótica, al desarrollar su propio MÉTODO PSICOANALÍTICO. Pero, aunque Sigmund Freud nunca fue un buen hipnotista, siempre reconoció y mantuvo la validez de la HIPNOSIS como un método eficaz y terapéutico hasta el final de sus días.

• **ÉMILE COUÉ** (1857-1926): Fue un farmacéutico y psiquiatra francés 1857-1926. Autor del método curativo basado en la AUTOSUGESTIÓN, profundizó en la HIPNOSIS y en la AUTO HIPNOSIS.

Durante la primera guerra mundial este médico, como tantos otros sufrió la carencia de drogas básicas para preparar sus recetas magistrales. Ante la impotencia de este hecho decidió no decirles nada a sus pacientes, de lo que estaba sucediendo, y comenzó a probar con medicamentos placebos, esperanzado en solucionar pronto su problema de desabastecimiento, pero el normal abastecimiento de drogas para sus recetas tardó mucho más de lo que Coué imaginó. Este tiempo fue el que le dio la oportunidad de observar qué muchos de sus pacientes habían hecho el proceso de recuperación curativa como si estuviesen medicados tradicionalmente. A partir de esta observación, comenzó a investigar el poder ilimitado de la mente humana para sanar el cuerpo y la mente. Sus investigaciones dieron origen a estas Tres Leyes llamadas las LEYES DE COUÉ.

• **Ivan Pávlov** (1849-1936) neurofisiólogo y psicólogo ruso, premio Nobel (1904), centro sus estudios en la actividad del sistema nervioso superior, sobre reflejos condicionados. Sus teorías se aplicaron en psicología, fisiología, biología y por supuesto a la HIPNOSIS proporcionándole una explicación científica.

Ivan Pávlov creía que la hipnosis era un sueño parcial. Observó que los varios grados de hipnosis no diferían perceptible y fisiológicamente según él, del estado de despertar, y que la hipnosis dependía de insignificantes cambios de estímulos ambientales.

Ivan Pávlov también sugirió que los mecanismos más bajos del cerebro estaban envueltos en condición hipnótica constantes. Pávlov con sus investigaciones y sus seguidores le daban al hipnotismo una base científica fisiológica y con esto se convertía en una técnica valiosísima para el tratamiento de procesos psicológicos con una fuerte sustentación en las llamadas neurociencias.

Por otra parte, Ivan Pávlov afirmaba que la condición que provoca la hipnosis es una estimulación monótona y prolongada, que produce una inhibición interna que no es más que un estímulo de respuesta parecido al sueño, solo que se propagaba por una vía diferente. Según Pávlov la HIPNOSIS se limita a un sector reducido propagándose cada vez más, dejando intactos, libres únicamente los centros respiratorios y cardíacos.

Otro aporte interesante de sus conclusiones, y que nos ayuda a la comprensión de las enfermedades, es que la HIPNOSIS constituye una técnica psicológica efectiva que facilita la formación de estados alterados de conciencia mental, que retrasan considerablemente los procesos internos orgánicos.

La HIPNOSIS según Pávlov puede ser producida por varias formas, **Verbalmente** *(cuentos, historias, metáforas, etc. "Método Ericksoniano")*, **Cansancio Ocular** *(mirada fija "Método propuesto por James Braid")*, Drogas *(somníferos "Métodos Chamánicos")*, que influyen en la corteza cerebral inhibiéndola (alterándola), **Caricias** cutáneas monótonas *(masajes)* entre muchos atrás formas. En conclusión, para Pávlov la HIPNOSIS es un sueño parcial inducido - una inhibición parcial de la corteza -, mientras que el sueño natural es total, es decir, una inhibición generalizada.

• **DAVE ELMAN** (1900 - 1967) Importante figura en el campo de la HIPNOSIS y la HIPNOTERAPIA. Es más conocido hoy como autor de Findings in Hypnosis (1964) y el autor de una TÉCNICA DE INDUCCIÓN, muy conocida y llamada hoy día inducción hipnótica Dave Elman.

Dave Elman define la hipnosis como un estado mental en cual la facultad crítica de la mente humana es disociada y desconectada temporalmente permitiendo establecer un pensamiento selectivo que permite llevar finalmente al sujeto al estado de trance deseado. La facultad crítica de su mente es ese factor que traspasa el enjuiciamiento.

El factor crítico de la mente es dicha parte que distingue entre conceptos como, caliente y frío, agrio y dulce, grande y pequeño o claro y oscuro. Dave Elman plantea que si logramos disociar o desconectar esta facultad critica de la mente de tal modo que no pueda distinguir entre dichos conceptos *(caliente y frío, agrio y dulce, grande y pequeño o claro y oscuro)*, es posible substituir el pensamiento selectivo por la construcción de un enjuiciamiento convencional a través de las inducciones, produciendo así, finalmente en el sujeto el fenómeno hipnótico deseado.

• **MILTON H. ERICKSON** (1901 + 1980), nacido en Nevada, Estados Unidos, fue un médico HIPNÓLOGO e HIPNOTERAPEUTA estadounidense, innovador, y pionero en cambiar las TÉCNICAS DE HIPNOTISMO aplicadas a la psicoterapia. Es reconocido como el abuelo de la HIPNOSIS ERICKSONIANA MODERNA, y se dice que es el mejor Hipnólogo e Hipno-Terapeuta de todos los tiempos que jamás haya existido.

El doctor Milton H. Erickson sentó las bases de importantes líneas dentro de la psicoterapia. Entre los que se incluyen los siguientes enfoques psicoterapéuticos: la PNL o PROGRAMACIÓN NEUROLINGÜÍSTICA, la Terapia Sistémico Estratégica, y la Terapia Breve Centrada en Soluciones entre muchas otras ramas que fueron influidas por el PENSAMIENTO ERICKSONIANO.

El origen particular de su característico y único estilo de terapia puede atribuirse a sus vivencias personales tan particulares, y en la forma en que el mismo Milton H. Erickson enfrentó su enfermedad. Y aunque el hipnotismo fue una herramienta importante en su práctica, lo fundamental de su modelo terapéutico era el cambio de estado mental que inducia en la otra persona, a través de las historias, las metáforas y las buenas relaciones interpersonales que mantenía con sus pacientes.

Su modelo terapéutico no responde a ninguna escuela clínica, excluyéndose de la influencia del psicoanálisis, del conductismo y de la terapia sistémica. Milton H. Erickson es la figura emblemática de la hipnosis clínica moderna.

Erickson creó lo que después se ha llamado HIPNOSIS ERICKSONIANA o Método Milton (la cual aprendiz, es una de mis especialidades hipnóticas). Fundamentalmente, el Método de Milton consistió en el uso del poder de la palabra hablada con la finalidad de crear confusión en la mente consciente mientras se establecía un patrón hipnótico o sugestión indirecta al inconsciente del paciente a través de las metáforas para hacer llegar las sugestiones de manera más irresistible.

Y para lograr esto, Erickson utilizaba como terapia y metodología el uso de metáforas, parábolas, alegorías, historias, cuentos y narraciones como una poderosa herramienta persuasiva y seductiva esencial en el TRANCE HIPNÓTICO.

Por tal razón aprendiz, el Dr. Milton H. Erickson gracias a su poderosa influencia ejercida en su tiempo, fue uno de los MODELOS iniciales, que inspiraron a los creadores de la PNL los doctores JOHN GRINDER y RICHARD BANDLER a estudias su metodología (Hipnosis Ericksoniana) que luego fue incorporada como parte de la PNL o Programación Neurolingüística, desarrollándose una vertiente hipnótica que se conocería más adelante como HIPNOSIS PSICOLINGÜÍSTICA.

*** ~~~ *** ~~~ *** ~~~

Hipnotistas, Hipnotizadores, Hipnólogos e Hipnoterapeutas más conocidos y renombrados de la historia actual a quienes se les atribuyen los nuevos estudios de la HIPNOSIS MODERNA

Theodore X. Barber, Oliver Zangwill, Michael Yapko, Nicolás Spanos, Harry Cannon, Jo Griffin y Tyrrell Ivan entre otros.

THEODORE X. BARBER argumentó, que las técnicas de inducción hipnótica eran naturalmente sugestiones verdales para lograr un fin determinado. Las técnicas de inducción hipnótica vistas desde el punto de vista de Theodore X. Barber son un proceso de influencia sugestiva verbal que se realza (se formaliza) o se profundiza a través de una serie de inducciones y sugestiones verbales o RITUALES CULTURALES creadas para alcanzar un propósito previamente establecido.

Por otra parte, **OLIVER ZANGWILL** señaló en oposición a Theodore X. Barber que, si bien las EXPECTATIVAS CULTURALES son importantes en la inducción hipnótica, ver la HIPNOSIS sólo como un proceso consciente de la influencia subjetiva en el sujeto, no puede por sí solo explicar los fenómenos hipnóticos producidos a través de estas sugestiones, por lo que debe haber algo más. *Ya que* *evidencias recientes, han demostrado en los sujetos de estudios en los procesos de inducciones hipnóticas, que se producen cambios en su actividad cerebral, así como en sus procesos mentales y psicológicos, que están directamente asociados experimentalmente a las inducciones hipnóticas declaradas por el hipnotista.*

A su vez, **MICHAEL YAPKO** define a la HIPNOSIS como un proceso de comunicación efectiva muy influyente, en la cual, el hipnotista o hipnotizador es quien guía las asociaciones internas del paciente o participante a través de las inducciones de modo de establecer o reforzar las asociaciones terapéuticas por medio de las sugestiones en el contexto de una relación de mutua responsabilidad y colaborativa entre el terapeuta y el sujeto, que tiene como fin, la orientación hacia una meta previamente establecida entre ambos.

Por otra parte, **NICHOLAS SPANOS** teorizó que tales comportamientos o estados asociados a la HIPNOSIS se hacen con un conocimiento y aprobación previa por parte del paciente o participante *(y esto por supuesto es lógico, así es y así debe ser).* Nicholas Spanos en su hipótesis alegaba que había DOS RAZONES por las cuales él explica psicológicamente porque las personas involucran su estado de conciencia con el estado de hipnosis.

LA PRIMERA RAZÓN *que da Nicholas Spanos, es que sugiere que es la misma persona la que se sugestiona así misma con la creencia de que su comportamiento está siendo causado por una fuente externa (el hipnotista) en vez de por ellos mismos (claro está, que es la misma persona la que lleva a efecto los fenómenos hipnóticos, pero es bajo la guía y la dirección del hipnotista que a través de las inducciones redirige al sujeto al estado de trance hipnótico deseado. Por supuesto, también podemos ver el mismo caso, en las sesiones de AUTO HIPNOSIS que en esta oportunidad es la misma persona la que dirige su propia Sugestión Auto Hipnótica. Por lo tanto, podemos demostrar aquí, que la participación del sujeto es de suma importancia para producir la HIPNOSIS bien sea inducida por el hipnoterapeuta en una sesión, o autoinducidas por la misma persona previamente preparada por medio de la AUTO HIPNOSIS).*

LA SEGUNDA RAZÓN *que propone Nicholas Spanos está relacionada con las sugestiones o inducciones "rituales culturales" (terminación utilizada por el ya mencionado Theodore X. Barber) llevados a cabo por el hipnotista. En la que el hipnotizador o hipnoterapeuta dice ciertas frases subjetivas por medio de las sugestiones e inducciones, las cuales son primariamente interpretadas lingüísticamente como voluntarias y que más tarde en el procedimiento hipnótico son interpretadas lingüísticamente ahora como involuntarias.*

Como por ejemplo *sucede en la siguiente INDUCCIÓN pronunciada por el hipnotista "Relaja los músculos de las piernas cada vez más y más" y poco tiempo después el hipnotista pronuncia la misma SUGESTIÓN de la siguiente forma "Los músculos de tus piernas están cada vez más y más relajados"*

(La primera inducción estimula la respuesta voluntaria por parte del sujeto, lo que lo ayuda a comenzar su proceso hipnótico) *"Relaja los músculos de las piernas cada vez más y más" ...*

__Mientras que la segunda sugestión es una orden involuntaria por parte del sujeto, ya que esta última la ordena el hipnotista para redirigir al estado hipnótico deseado)__ "*Los músculos de tus piernas están cada vez más y más relajados*".

Es importante destacar en este punto, que los descubrimientos de Nicholas Spanos nunca tuvieron como propósito insinuar que el estado de hipnosis no existe. Al contrario, con sus estudios y descubrimiento lo que pretendía era demostrar que los comportamientos hipnóticos exhibidos por los individuos bajo los estados de trance hipnótico se deben a personas "altamente motivadas e hiper sugestionables" lo que permite llevar a cabo eficazmente bien sea las sesiones hipnoterapéuticas o show de hipnosis de espectáculos de manera más efectivas.

A su vez, **HARRY CANNON** define la HIPNOSIS como un mecanismo fisiológico por el cual una sugestión tiene una incidencia directa y es aceptada por el subconsciente del sujeto a través de las inducciones. Y para que esto ocurra eficientemente se necesitan cuatro cosas:

** Un foco de atención*

** Un sobresalto*

** La propia sugestión*

** Que no haya crítica sobre la sugestión por el intelecto consciente*

Para Harry Cannon cuando se cumplen estos cuatro requerimientos, la sugestión se arraiga en el subconsciente y se exterioriza en una función motriz. Esto simplemente quiere decir, que la sugestión una vez haya sido aceptada por el sujeto, se sobrepone en la mente, trayendo como resultado el estado de HIPNOSIS.

Harry Cannon asegura que todo nuestro aprendizaje funciona por medio de la hipnosis, y nos da el siguiente ejemplo:

"*__IMAGINA__ a un niño pequeño a quien su madre improvisadamente le atrapa quitándole a otro niño lo que no le pertenece. Imagínate ahora que, en ese mismo instante, la madre castiga a su hijo por esta acción; el niño en cuestión ahora tendrá un foco de atención y una emoción sobresaltada sobre esa situación. En ese momento, la madre prudentemente instruye a su hijo que debe dejar de hacer aquella mala acción, ya que es incorrecto robar, y le pide que no lo haga más. Por el criterio anterior, esta sugestión que ha sido inducida e inculcada durante los años formativos del niño se ha almacenado en el subconsciente sin ningún argumento intelectual por parte del FACTOR CRÍTICO DE LA MENTE de aquel pequeño. Por esta experiencia, al niño sabiamente se le inculca desde su niñez, una nueva linde social (programación). Por la cual; en el futuro definitivamente sentirá ciertos impulsos hacia esos mismos sentimientos y emociones, cuando se encuentre en situaciones similares*".

Para Harry Cannon la hipnosis está alrededor de todos nosotros, y ocurre en todo tiempo y en todo lugar. El nivel de aparente intensidad del estado de trance hipnótico no es nada más que la atestiguación de la experiencia subjetiva del sujeto y nada más.

JO GRIFFIN Y TYRRELL IVAN quienes recientemente, han sugerido una nueva proposición teórica de la HIPNOSIS y del trance mental. Desde el *Human Givens Jo Griffin y Tyrrell Ivan* sugieren que la hipnosis es el resultado de tener acceso al estado REM del sueño. Es el estado REM el que nos permite acceder a la imaginación y la creatividad lo que ellos llaman "el generador de la realidad", que es responsable de crear nuestros sueños.

Una de las funciones del sueño fisiológico es descargar la excitación emocional no resuelta durante el día. En otras palabras, el sueño fisiológico permite completar reflexiones emocionales del día a través de la creación de imágenes mentales metafóricas que se producen como enlaces productores en nuestro sueño.

La función del estado REM en la HIPNOSIS es otra clave para actualizar nuestro modelo mental o respuestas instintivas emocionales y de comportamiento. En otro orden de ideas, el estado de aprendizaje, así como el estado de hipnosis son también un estado REM. Cada vez que actuamos sin esfuerzo consciente *(como sucede en el caso del estado de trance hipnótico)* dependerá de ciertos patrones, que se remontan a una respuesta anterior aprendida o comportamiento que se estableció en el estado REM.

Así que cuando nosotros actuamos instintivamente, en efecto, actuamos sobre una sugestión post hipnótica. Del mismo modo, cuando un sujeto hipnotizado actúa sobre una sugestión o inducción post hipnótica dada por el hipnotizador lo harán con la misma eficacia, inmediatez e instinto que lo haría con otros comportamientos inconscientes como por ejemplo sucede con la *(Respiración, los Latidos del Corazón, el Parpadear, así como alguna otra Respuesta Involuntaria).*

*** ~~~*** ~~~*** ~~~

Como hemos podido aprender hasta ahora aprendiz, gracias a las aportaciones de Jo Griffin y Tyrrell Ivan basado en sus investigaciones recientes sobre el sueño, definen a la HIPNOSIS como cualquier medio artificial de acceder al Estado REM (Estado Creativo del Sueño). Para Jo Griffin y Tyrrell Ivan todos los fenómenos hipnóticos, incluida el sonambulismo, la amnesia, la analgesia, la anestesia, la levitación de los brazos, y la catalepsia bien sea de ojos u otro miembro del cuerpo, así como también los fenómenos hipnóticos tales como las respuestas ideo motoras, ideo sensoriales o ideo emocionales, entre otros fenómenos de mayor intensidad hipnótica como son las regresiones, la distorsión o disociación del tiempo y del espacio, las ilusiones corporales, visuales o auditivas, la meditación profunda, y por supuestos las experiencias místicas, tales como la clarividencia, la psicografía, la xenoglosia, la noesiología y hasta los sueños lúcidos y los viajes astrales, no son más que respuestas naturales de las propiedades del Estado REM, que Jo Griffin y Tyrrell Ivan identificaron como el ESTADO DE PROGRAMACIÓN NATURAL DEL CEREBRO, claramente relacionado directamente por la condición sexual de los aspectos cognitivos.

Así que cuando introducimos a alguien en un estado de trance hipnótico simplemente según Jo Griffin y Tyrrell Ivan estamos activando esos mismos procesos que se activan en el cerebro durante el estado REM del sueño, incluyendo el "generador de la realidad", esto es lo que lo hace a la HIPNOSIS tan eficaz.

Aprendiz, para tu propósito como ***Hipnotista, Hipnotizador, Hipnólogo o Hipnoterapeuta*** es útil tener presente estas definiciones en mente al momento de introducir a una persona al Estado de hipnosis, ya que esto te dará una mejor perspectiva de tu trabajo, y brindará mayor luz a tu experiencia y a la experiencia del sujeto.

*** ~~~*** ~~~*** ~~~

Renacimiento y Evolución de la Hipnosis en Épocas Actuales:

A partir de los años setenta, ochenta y noventa la HIPNOSIS ha disfrutado de un renacimiento, una evolución y un reconocimiento significativo posicionándola como una de las terapias más efectivas del siglo XI, surgiendo esta vez de los Estados Unidos.

Hay una serie de profesionales, tales como Theodore X. Barber, Oliver Zangwill, Michael Yapko, Nicolás Spanos, Harry Cannon, Jo Griffin y Tyrrell Ivan, así como Martin Orne, William Kroger, Herbert Spiegel, Javier Martínez Pedro que han sido los responsables del aumento significativo del interés terapéutico de la hipnosis, y del empleo de LA HIPNOSIS COMO UNA TERAPIA REAL EN MÚLTIPLES CAMPOS DE LA MEDICINA ACTUAL.

Ello se ha debido fundamentalmente a la influencia del ya mencionado Doctor MILTON H. ERICKSON. Realmente, el enfoque Ericksoniano de la hipnoterapia, especialmente después de la muerte del Dr. Erikson en 1980, ha adquirido un mayor respaldo. Y ha ganado el estatus de psicoterapia alternativa principalmente aceptada como una especialidad médica funcional en muchos campos y disciplinas profesionales de la medicina, a ser fundamentalmente una modalidad psicológica.

*** ~~~*** ~~~*** ~~~

Nacimiento de la HIPNOSIS ERICKSONIANA con Metodología Clínica Directa:

La Hipnosis Clínica Indirecta o HIPNOSIS ERICKSONIANA aparece a mediados del siglo XX de la mano del ya mencionado Doctor Milton H. Erickson, que consistía en una serie de metáforas, parábolas, alegorías, historias, cuentos y narraciones como una poderosa herramienta persuasiva y seductiva de la comunicación, esencial en el TRANCE HIPNÓTICO, que el hipnoterapeuta utilizaba estratégicamente mientras el paciente estaba hipnotizado.

Dichas metáforas, parábolas, alegorías, historias, cuentos y narraciones debían estar relacionadas con el problema inmediato que padecía el paciente, de forma sutil y subjetiva. Una vez despierto, este tipo de lenguaje metafórico quedaba incorporado en la psiquis del individuo a nivel subconsciente, que les permitía finalmente ayudarlos a solucionar sus problemas de manera mucho más eficaces que la hipnosis clásica tradicional ortodoxa.

Ya que éste tipo de expresiones, verbales, conceptos e ideas metafóricas eran capaces de estimular subjetivamente una gran variedad de Sensaciones Multi-Sensoriales tanto a nivel (Visual, Auditiva como Kinestésica) en los sujetos, lo que les permitía evocar imágenes, sonidos, sensaciones y emociones, en la mente consiente y subconsciente del paciente, produciéndoles cambios radicalmente positivos en su estructura mental y psicológica, CREÁNDOLES nuevas conexiones neuronales más empoderadoras, permitiéndoles a los participantes recibir las inducciones hipnóticas y las sugestiones, de una forma más útil, holística e integral, que les permitiera adoptar nuevas ideas transformacionales, evitando así, la menor resistencia al cambio, y CREANDO un mayor impacto psíquico - emocional en el proceso de la TERAPIA HIPNÓTICA.

La práctica de esta técnica del LENGUAJE METAFÓRICO en la terapia consistía en el uso del poder de la palabra hablada con la finalidad de crear confusión en la mente consiente, mientras se establecía una sugestión en el paciente a través de inducciones indirectas que el sujeto aceptaba, convirtiéndolas en su nueva realidad.

*** ~~~ *** ~~~ *** ~~~

EL Respaldo Medico-Científico de la Hipnosis como Técnica Terapéutica Real en la Actualidad

En el tiempo actual aprendiz, el estudio y la investigación en el ámbito de la HIPNOSIS TERAPÉUTICA gozan de una buena reputación. En las últimas décadas, destacados gremios internacionales de profesionales de la salud han expresado públicamente su reconocimiento de la utilidad terapéutica de la HIPNOSIS como disciplina real y beneficiosa, entre ellas: *La **American Medical Asociación**, la **British Medical Asociación** y la **American Psicológica Asociación**.*

Este tipo de reconocimiento internacional, han traído como resultado la creación de la ***American Soviet foro Clínica Hypnosis***, *La **International Saciate foro Clínica and Experimental Hypnosis** y la **Europea Soviet of Hypnosis in Psychotherapy and Psychosomatic Medicine**.*

Por otra parte, la ***Sociedad de Hipnosis Clínica Terapéutica***, así como otras organizaciones de ámbito estatal, fortalecen e incorporan la actividad científica, terapéutica, experimental y profesional de un gran número de investigadores, hipnoterapeutas, hipnotizadores, hipnotistas e hipnólogos que hasta algunos años atrás, trabajaban en completa en soledad, sin el respaldo de estas asociaciones.

Hoy en día, existen en todo el mundo infinidad de entidades científicas cuya finalidad es la formación, el desarrollo, la enseñanza, la aplicación y la divulgación, la difusión y la propagación de la HIPNOSIS como una técnica más dentro de los ámbitos de la medicina, la psicología, la psiquiatría, la neurología y la hipnosis misma como disciplina terapéutica comprobada.

*** ~~~ *** ~~~ *** ~~~

Tres Importantes Épocas en la Historia de la Hipnosis:

- *Época mística, mágica/esotérica, religiosa (Hipnosis Antigua Milenaria).*
- *Época fluídica o magnética (Mesmerismo o Hipnosis Clásica Ortodoxa).*
- *Época inductiva sugestiva (Consagración de la Hipnosis Científica Moderna).*

1) En la época **(mística, mágica/esotérica, religiosa)** destacan el chamanismo, la superchería sacerdotal, la magia, las creencias ocultistas y religiosas. Y por supuesto, la mitología siria, griega, egipcia entre otras.

En esta época oscura, se utilizaba la fuerza de la influencia del poder de la palabra hablada como poder místico, esotérico, curativo y sanador.

Y por supuesto la *(Hipnosis Antigua Milenaria)* ejercía su poder a través del miedo infundido por medio de una serie de rituales y ocultismo lleno de símbolos, canticos, círculos mágicos, velas, incienso, sonidos extraños, entre otras teatralidades y dramatizaciones que tenían como único propósito mantener a la HIPNOSIS ANTIGUA como una ciencia mística, mágica/esotérica, religiosa, junto al respeto infundado que se le tenía tanto a quien profesaba la hipnosis (hipnotista) como a la religión que la profesaba.

2) En la segunda época **(fluídica o magnética con una perspectiva más orgánica "física y biológica")** En esta época se optó no tanto por la fuerza de la palabra hablada ni por el miedo infundido, sino más por la creencia de que existía una energía universal específica denominada MAGNETISMO.

Esta época se caracterizó por la afirmación de la existencia de fluidos energéticos, donde se manifestaba que existía un campo energético al que llamaban campo animado, que supuestamente era un líquido que fluía en la vida. Está creencia está presente en la medicina desde sus inicios y fundada por los pensamientos hipocráticos. Su relación, además las enseñanzas hipocráticas, están relacionadas con las fuerzas de los astros y tiene una amplia vinculación con la tradición mitológica griega.

La época fluídica o magnética fue evolucionando y tomo nuevamente popularidad en el siglo XVI por la idea de un poder magnético curativo de los astros, según el ya mencionado Paracelso (1493-1541), así como la idea original del "magnetismo animal" propuesta y formulada por el ya citado Van Helmont (1577-1644) y popularizada e impulsada por el muy famoso y conocido Franz Anton Mesmer (1734-1815).

En la época fluídica o magnética, la capacidad de las personas para incidir en las demás y en sí mismas trasciende, como se ve, desde el poder de la palabra hablada hasta la energía o fluido universal. Esta búsqueda de lo realmente eficiente (la energía) o (magnetismo) frente a lo especulativo y teatral (lo humano) y lo (verbal) haciendo que la época Fluídica o Magnética fuese un gran atractivo en la actualidad.

Hoy día, podemos ver la influencia de esta creencia Fluídica o Magnética al ver las supuestas propiedades curativas y sanadoras que se confieren o se les atribuyen a determinados minerales, pulseras, objetos, pirámides e incluso sustancias tan naturales y cotidianas como el agua misma, convenientemente magnetizada *(Claro está, que algunos de estos elementos; si tienen reales efectos magnéticos y energéticos comprobados en la vida humana, mientras otros se le atribuyen estas mismas influencias sin demostrarse científicamente su valides).*

En esta época destaca la aparición de LA CURA MAGNÉTICA" o MAGNETISMO ANIMAL, conocida posteriormente como MESMERISMO tal y como fue definida, introducida y popularizada por el ya mencionado Franz Anton Mesmer (1734-1815), reconocido como principal pionero en el desarrollo de la hipnosis moderna de este tipo.

3) En la tercera época de la ***(Hipnosis Inductiva Sugestiva)*** se vuelve a recuperar el poder de la palabra hablada como medio terapéutico, inductivo sugestivo *(y no como poder, para provocar miedo infundio).* En la época inductiva sugestiva se busca también la unicidad integral, holística y sinérgica entre la mente-cuerpo y no la dualidad o separación de la mente y el cuerpo propuesta por **rene descarté** (1234 -5678).

Esta época inductiva sugestiva sería la consagración de la hipnosis científica moderna como la conocemos hoy día, donde se tienen en cuenta los factores de las nuevas y más recientes teorías e investigaciones científicas de la evolucionada HIPNOSIS MODERNA ACTUAL.

*** ~~~ *** ~~~ *** ~~~

TIPOS DE HIPNOSIS "Clásica y Ericksoniana"

Como hemos podido apreciar hasta ahora aprendiz, la HIPNOSIS es una terapia real en constante cambio y transformación metamórfica por así decirlo, que ha venido evolucionando a través de los años. Trayendo como consecuencia la aparición de dos (2) grandes CORRIENTES o VERTIENTES PRINCIPALES dentro del estudio y la practica en campo de la HIPNOSIS en tiempos actuales que son:

* LA HIPNOSIS CLÁSICA, FREUDIANA O DE ESPECTÁCULO

* LA HIPNOSIS TERAPÉUTICA ERICKSONIANA.

En otras palabras, podemos decir que, para provocar el estado de hipnosis o estado de trance hipnótico en la actualidad, lo podemos hacer utilizando una gran variedad de técnicas y metodologías. Todas ellas se encuentran dentro de alguna de las dos corrientes o vertientes más famosas o técnicas de inducción más conocidas a través de la historia, que son la HIPNOSIS CLÁSICA y la HIPNOSIS ERICKSONIANA.

Estos dos (2) TIPOS DE HIPNOSIS son: Las técnicas de hipnosis clásicas, directas, autoritarias, conocidas también como hipnosis de espectáculo y Las metodologías de hipnosis terapéutica ericksonianas que son de corte más permisivo o indirectas. En las cuales, en esta última, se utilizan técnicas hipnoterapéuticas de inducción naturalistas, ecológicas y sugestiones metafóricas.

Claro está, que dentro de estos dos (2) GRANDES GRUPOS o DIVISIONES PRINCIPALES, podemos encontrar una gran variedad de técnicas y metodologías algunas muy diferentes, y algunas muy parecidas entre unas y otras. Aunque por supuesto, hoy día, podemos encontrar muchos casos y evidencias de ramificaciones y combinaciones entre ambas. Como en el caso de la hipnosis psicolingüística o la hipnosis con programación neurolingüística.

Sea cual sea, todas ellas, se basan en el condicionamiento ideo-sensorial, ideo-motor, e ideo-emocionales; que estimula la "hiper sugestionabilidad del sujeto a través de la sugestión". Es decir que se convierten en un amplificador de respuesta o profundizador de las experiencias sugestivas de las personas, bien sea a un estado de hiper concentración, de hiper creatividad o hiper relajación según sea el caso o la situación en particular en la que se esté utilizando la hipnosis en se momento.

POR EJEMPLO: En un Show de Hipnosis de Espectáculo la "hiper sugestionabilidad" junto a la hiper creatividad son factores favorables para dar un buen entretenimiento. Mientras que en el caso de una Sesión de Hipnosis Clínica o Hipnoterapia la hiper concentración y la hiper relajación serían más apropiada.

Este tipo de experiencia comúnmente llamado "Fenómenos Hipnóticos" que ocurren en ambos casos, tanto en el show de hipnosis de espectáculo como en la sesión de hipnosis clínica o hipnoterapéutica, lo que ocurre es que, el participante o el paciente experimenten ciertas transformaciones personales de un modo mucho más eficaz, efectivo y de manera mucho más sencilla y eficiente gracias al condicionamiento ideo-sensorial, ideo-motor, e ideo-emocionales; que provoca el HIPNOTISTA o el HIPNOTERAPEUTA a través de la estimulación de la "hiper sugestionabilidad".

Es decir, que estos se convierten en un amplificador de respuesta o profundizador de las experiencias sugestivas en las personas, que le permite lograr mayores y mejores resultados con los procedimientos hipnóticos, que, si se realizara el mismo procedimiento en el estado de alerta o estado de vigilia, es decir en el ESTADO CONSCIENTE.

Por esta razón, este tipo de fenómenos hipnóticos permite provocar en el sujeto en cuestión una disociación de la conciencia, es decir, la separación entre la MENTE CONSIENTE y SUBCONSCIENTE, con lo cual, la persona será capaz de percibir los estímulos externos, a través de la atención focalizada en las SUGESTIONES y/o ÓRDENES INDUCTIVAS que se les está transmitiendo verbalmente por medio del HIPNOTISTA o el HIPNOTERAPEUTA. Permitiendo responder a dichos estímulos u órdenes subjetivamente de forma más efectivas, ACCEDIENDO voluntariamente a las sugestiones e inducciones que el HIPNOTISTA o HIPNOTERAPEUTA le está dando, creando así una nueva realidad.

*** ~~~*** ~~~*** ~~~

HIPNOSIS CLÁSICA, Hipnosis Freudiana o Hipnosis de Espectáculo

El Mesmerismo, la Hipnosis Clásica, la Hipnosis Freudiana o la Hipnosis de Espectáculo son la más antigua, y consiste en un método enigmático de hipnosis directa y más autoritaria. Se trata de la vieja escuela en la que el hipnotizador o hipnotista creía tener el poder curativo para sanar y mejorar la salud o para sugestionar e inducir a las personas para que realizaran ciertos fenómenos hipnóticos. Este tipo de hipnosis se centraba en dominio de escenario, la fuerza de la autoridad del hipnotista, el tono de la voz, la mirada, los gestos, la postura corporal y la capacidad de dar órdenes encubiertas. De tal forma, que el hipnotizador creaba a su alrededor una imagen de misterio y poder.

En este tipo de hipnosis clásica, el hipnotizador o hipnotista era la figura fuerte, por ello, daba órdenes directas que el paciente o el participante debía obedecer. El representante de estos métodos era principalmente el ya mencionado Franz Anton Mesmer creador del magnetismo animal, posteriormente llamado mesmerismo.

Pero también fue practicada por otras grandes personalidades como Jean-Martin Charcot y Hippolyte Bernheim, hasta el mismo Sigmund Freud en sus inicios utilizó este tipo de HIPNOSIS como método terapéutico introduciendo algunas variantes a través de su método psicoanalítico o psicoanálisis hipnótico, que posteriormente se conoció como Hipnosis Freudiana.

La Hipnosis Freudiana, se basaba en la sugestión. El paciente seguía distintos tipos de indicaciones provenientes del hipnotizador. Estas inducciones o sugestiones pueden ser:

VERBALES como las muy conocidas frases "Duerme, Duerme, Duérmete Profundamente", "Sueño, Sueño, Sueño Profundo" o "Déjate Llevar"

VISUALES que consistían en técnicas más directivas que permitían utilizar diferentes elementos para fijar la atención del sujeto como él "péndulos", las "luces estroboscópicas" y los muy conocidos "discos hipnóticos", etc.

CORPORALES que consistían principalmente de ciertas posturas, gestos y ademanes. Esta técnica parte de la idea, de que, si se sugiere a un paciente que se cure, o la persona imagine un fenómeno hipnótico puede conseguirlo. Este método puede ser eficaz si es utilizado correctamente, pero también puede llegar a ser muy limitado, dogmático, autoritario y ortodoxo.

*** ~~~ *** ~~~ *** ~~~

Hoy en día este tipo de hipnosis clásica o hipnosis freudiana es el fundamento de los HIPNÓLOGOS DE ESCENARIO o HIPNOTISTAS DE ESPECTÁCULOS. Sus técnicas son más directivas y autoritarias, que ocupan diferentes elementos inductivos y sugestivos para fijar la atención del sujeto a través de técnicas subliminales como son las VISUALES, AUDITIVAS y CORPORALES mencionadas anteriormente.

Este tipo de hipnosis clásica o hipnosis freudiana funcionan mejor que otros tipos de hipnosis al momento de realizar HIPNOSIS DE ESCENARIOS o SHOW HIPNÓTICOS, gracias a que se crean grandes expectativas en la experiencia, el conocimiento y el dominio del hipnotista o hipnotizador.

Ya que a los participantes les agrada que "les indiquen" en forma más directa las posibles alternativas de fenómenos hipnóticos que pueden llegar a realizar.

En general cuesta más trabajo para llevarla cabo, pero una vez conseguido, lleva a la persona a estados más profundo de profundización y trance hipnótico.

*** ~~~ *** ~~~ *** ~~~

La Hipnosis Clásica, Freudiana o de Espectáculos

El hipnotizador o hipnotista induce en el paciente o al participante a entrar en un estado hipnótico de profundización mediante el poder sugestivo de la palabra hablada. Cuando se logra producir el trance hipnótico, lo sugestiona con la combinación de un escenario atractivo y las declaraciones de una gran cantidad de inducciones sugestiva verbales directas y autoritarias que permiten profundizar la experiencia.

Este tipo de HIPNOSIS tiene cinco (5) etapas.

ETAPAS DE LA HIPNOSIS CLÁSICA

Inducción *(relajación).*

Profundización *(cuenta del 10 al 1).*

Fenómeno *o* ***Trance Hipnótico*** *(catalepsia, analgesia, anestesia, alucinaciones, etc.)*

Sugestión Post Hipnótica *o* ***Intervención*** *(órdenes, inducciones, patrones sugestivos y sugestiones directas positivas).*

Despertar *(cuenta del 1 al 19)*

Aprendiz, este es el tipo de técnicas hipnótica más antigua que se han estado empleado durante bastante tiempo, tanto en sesiones de hipnosis clínica y consulta hipnoterapéuticas ortodoxas y modernas, como en show de hipnosis teatral o callejera, por lo espectacular del fenómeno. Por lo que ha conllevado a la idea (errónea) MITO o TABÚ en la que se cree que el hipnotizador dominaba la mente de la persona, ya que conseguía hacer entrar en estado de trance hipnótico a cualquier persona, con el simple hecho de darle la orden sueño, duerme y Déjate llevar para que las personas entraran en un trance de relajación similar al sueño... Es decir, un estado de hiper relajación.

*** ~~~ *** ~~~ *** ~~~

Como practicantes de técnicas de HIPNOSIS CLÁSICA podemos citar a:

Técnica motivacional *de W. Kroger. (Kroger, 1974).*

Técnica de fijación de la mirada. *(Propuesta por Braid).*

Técnica del apretón de manos. *(Handshake Induction por Anthony Jacquin)*

Método del balanceo postural *(Watkins, 1949).*

Método de Dave Elman *(Dave Elman). Entre otras que estudiarnos más adelante. Estas técnicas se pueden realizar bien sea con los ojos abiertos (fijación ocular), o con los ojos cerrados, combinado con el (apretón de manos handshake, relajación progresiva, visualizaciones creativas dirigidas, etc.).*

HIPNOSIS ERICKSONIANA o Hipnosis Terapéutica

La Hipnosis Ericksoniana o la Hipnosis Terapéutica son más moderna y efectiva a la hora de aplicarlas al campo clínico o a la hipnosis conversacional. Su creador el Dr. Milton H. Erickson, la utilizó con gran éxito y eficacia en sus sesiones hipnóticas, ya que es más permisiva, es decir les proporcionaba a las personas los elementos que el paciente o coachee necesitaba. En los casos terapéuticos el paciente va tomando voluntariamente sus propias decisiones, elecciones, rutas y caminos en el proceso para llegar a una interpretación subjetiva de la realidad que le resulte más lógica dentro de su estructura psicológica o mapa mental. Por esta razón, es que es una de las técnicas más poderosas y funcional aún en estados de trance hipnóticos ligeros.

Este tipo de métodos de hipnosis permisiva es mucho más efectiva y eficaz, con resultados perdurables a corto, mediano y largo plazo en las sesiones de coaching y en las sesiones de hipnosis clínica terapéutica, su principal impulsor es el ya mencionado Dr. Milton H. Erickson que se dio cuenta de que el método autoritario o hipnosis clásica ortodoxa no era tan eficaz a largo plazo y que no daba verdaderos resultados perdurables que ayudaran y permanecieran verdaderamente en los pacientes.

El Dr. Milton H. Erickson empezó a usar un método más indirecto y permisivo. E s decir, en vez de dar órdenes directas, utilizaba metáforas para hacer llegar las sugestiones o inducciones de manera más subjetivas en la mente inconsciente del paciente. Si una sugestión o inducción no daba resultados, en lugar de forzarla como lo haría un hipnotizador de espectáculo, Erickson la modificaba sutilmente hasta que fuera aceptada voluntariamente por la persona.

La HIPNOSIS ERICKSONIANA era una terapia más permisiva que necesitaba de la participación voluntaria y consciente por parte del paciente, en contrapuesta a la Hipnosis Clásica, Freudiana o de Espectáculos que es autoritaria y se vale de elementos externos para lograr tal fin.

Por ejemplo: *Una sesión de hipnosis ericksoniana se podía llevar a cabo a través de una sencilla conversación **(HIPNOSIS CONVERSACIONAL)** en la que el hipnoterapeuta lleva al paciente a entrar en un estado de trance hipnótico ligero, y que progresivamente a través de las inducciones verbales sugestivas permitía finalmente llevar al paciente a entrar en un estado de trance deseado más intenso de profundización, que permitía finalmente acceder poco a poco a la mente inconsciente y subconsciente del paciente, libre y sutilmente.*

La HIPNOSIS ERICKSONIANA o HIPNOSIS TERAPÉUTICA consisten en llevar a los pacientes a un estado de trance, pero sin la sugestión directa y autoritativa que suponía la Hipnosis Clásica, Freudiana o de Espectáculos.

La Hipnosis Ericksoniana o Hipnosis Terapéutica es más participativa y dialogante con la persona que la recibe, teniendo como metodología el lenguaje metafórico que utiliza el hipnoterapeuta, que viene a ser más simbólico.

En otras palabras, podemos decir que la hipnosis ericksoniana hace más hincapié en la facultad del paciente a participar voluntariamente en las sesiones hipnóticas, no importando tanto el estado inconsciente de trance *(fenómeno hipnótico)* como la predisposición intencional del paciente a realizar la terapia.

Este tipo de hipnosis clínica terapéutica utiliza como metodología, el uso de metáforas, parábolas, alegorías, historias, cuentos y narraciones a través la HIPNOSIS CONVERSACIONAL en conjunto con ciertos PATRONES HIPNÓTICOS PERSUASIVOS utilizados como una poderosa herramienta influyente y seductiva esencial en el TRANCE HIPNÓTICO.

Convirtiéndose todos estos elementos de forma sinérgica en una herramienta efectiva para conseguir el estado hipnótico deseado. Se ha demostrado que este tipo de hipnoterapia ericksoniana es muy eficaz en muchos casos, como, por ejemplo: el Dejar de tomar, fumar, adelgazar o eliminar un trauma con hipnosis.

Es por tal razón, que la **Hipnosis Ericksoniana** o **Hipnosis Clínica o Terapéutica** es muy utilizada por la mayoría de los HIPNÓLOGOS CLÍNICOS e HIPNOTERAPEUTAS modernos de la actualidad.

*** ~~~ *** ~~~ *** ~~~

Una de las cualidades de la **HIPNOTERAPIA** desarrollada por el Dr. Milton H. Erickson es que desmiente los tabúes o mitos creados alrededor de la hipnosis como lo son: La creencia de tener que "**dormirse profundamente**" dejarse llevar y "**perderse en el inconsciente**" y "**sujetarte a la voluntad del hipnotizador**" para poder lograr un cambio en los hábitos de conductas o en la forma de percibir los problemas.

Ya que como lo hemos estudiado en los apartados anteriores, dormirse, perder la consciencia o ceder a las órdenes del hipnotizados perdiendo la voluntad no es real, y es absolutamente falso por varias razones.

***1º El estado de trance no es dormir**, esto es solo metafórico, ya que necesitamos mantenernos despierto para poder recibir las sugestiones del hipnoterapeuta.*

***2º** En el estado de trance **siempre nos mantenemos consciente de nuestras acciones**, así que en ningún momento nos perdemos en el inconsciente.*

***3º** El participante o paciente jamás se sujeta a la voluntad del hipnoterapeuta, **solo permite de manera voluntaria recibir las sugestiones, que finalmente permiten producir los cambios deseados**, si la persona así lo desea.*

La Hipnosis Ericksoniana o Hipnosis Terapéutica está más ligada a nuestro modo actual de vida y es en general más aceptada por los pacientes, coachees y personas en general, por la seriedad y ética que representa, ya que esta nueva escuela de hipnosis es mucho más respetuosa con los principios y valores del paciente, y es mucho más eficaz que la antecesora, porque hoy en día, la gente evita las "teatralidades" por miedos infundados que se originaron en épocas pasadas.

*** ~~~ *** ~~~ *** ~~~

Hipnosis Ericksoniana o Hipnosis Terapéutica

Como nos hemos referido anteriormente, en la Hipnosis Ericksoniana o Hipnosis Terapéutica, ni el grado de sugestionabilidad, ni la profundidad del trance hipnótico tiene mayor importancia, sino más bien, se enfoca principalmente en la facultad del paciente a participar voluntariamente en las sesiones hipnóticas, no importando tanto el estado inconsciente de trance (fenómeno hipnótico) como en la predisposición intencional y voluntaria de la persona a quien se le realiza la terapia.

Incluso con la llamada "HIPNOSIS CONVERSACIONAL" o "PATRONES HIPNÓTICOS PERSUASIVOS" se logran resultados extraordinarios en las personas, sutil y subjetivamente sin necesidad de introducir a la persona en un estado de trance hipnótico profundo. Ya que la clave está en el lenguaje verbal utilizado correctamente.

Es decir, que la clave de este tipo de HIPNOSIS ERICKSONIANA o HIPNOSIS TERAPÉUTICA se basa en la comunicación efectiva, a través de patrones y comandos hipnóticos sugestivos que se le comunican al paciente o participante a través del lenguaje metafórico y simbólico. Ya que éste tipo de expresiones verbales, sugestiones e inducciones sutiles son capaces de estimular subjetivamente una gran variedad de sensaciones multi sensoriales tanto a nivel (Visual, Auditiva y Kinestésica) en el paciente o participante, lo que permiten evocar imágenes, sonidos, sensaciones y emociones, en la mente del sujeto, que finalmente les permiten ADOPTAR LAS NUEVAS IDEAS, evitando así, la menor resistencia al cambio, y CREANDO un mayor impacto psíquico - emocional en el proceso de autosugestión hipnótica o hiper sugestionabilidad consciente.

*** ~~~ *** ~~~ *** ~~~

Este tipo de HIPNOSIS se caracteriza por los siguientes elementos:

Llevar al paciente del estado actual al estado deseado.

Enfocar al paciente a lo positivo y al resultado final deseado.

Ofrecer sugestiones indirectas, no autoritarias ni impositivas.

Ofrecer patrones hipnóticos, sugestiones e inducciones subjetivas.

Usar el lenguaje figurado y las metáforas para inducir resultados permanentes.

Dirigir la terapia a la búsqueda de una solución pactada con el paciente y el hipnoterapeuta previamente desde la primera sesión.

Potencia los recursos internos que el paciente ya posee para que pueda solucionar problemas por si sólo o para potenciar el aprendizaje.

Respetar los principios y los valores intrínsecos del paciente, permitiendo que ellos puedan ir pasando por un proceso progresivo de cambios positivos, sin imponerles órdenes directas, sino sugerencias a través de sugestiones sutiles e inducciones hipnóticas efectivas según las necesidades de cada persona.

*** ~~~ *** ~~~ *** ~~~

LA HIPNOSIS PSICOLINGÜÍSTICA o Hipnosis Con Programación Neurolingüística

La Hipnosis Psicolingüística o Hipnosis con Programación Neurolingüística (PNL) es un modelo de comunicación interpersonal efectiva que se ocupa fundamentalmente de la relación entre los comportamientos y las experiencias subjetivas de las personas a través de la HIPNOSIS. En especial, modelos de pensamiento subyacentes estimulados por medio de los fenómenos hipnóticos.

Hipnosis Psicolingüística o Hipnosis con Programación Neurolingüística también constituye un sistema de hipnoterapia alternativa que pretende educar a las personas en un autodescubrimiento de la conciencia, por medio de la HIPNOSIS y la comunicación efectiva. Y de esta manera pretende cambiar sus modelos de conducta mental y emocional a través del METAMODELO.

La HIPNOSIS PSICOLINGÜÍSTICA o la HIPNOSIS CON PROGRAMACIÓN NEUROLINGÜÍSTICA son una técnica de la HIPNOSIS reciente muy interesante, en constante evolución que toma lo mejor de la HIPNOSIS CLÁSICA y la HIPNOSIS ERICKSONIANA y la fusiona junto a la Terapia Familiar y la Psicoterapia Gestalt, pero le añade un componente muy especial EL METAMODELO DEL LENGUAJE que es la precursora de la teoría de gramática transformacional de Chomsky en relación a la Estructura Superficial y la Estructura Profunda (1956 1966).

Los estudios de los Doctores JOHN GRINDER (Psicólogo, Lingüista) y RICHARD BANDLER (matemático, psicólogo gestáltico y experto en informática) muestran claramente que lo que nos distingue especialmente de los demás seres vivientes es precisamente el LENGUAJE. Aún nuestros pensamientos están "impregnados" o "registrados" con relación al lenguaje que usamos y su significado, en pocas palabras, gran parte de nuestro comportamiento está determinado por el lenguaje que utilizamos, con el que nos educaron y con el que nos expresamos.

En la HIPNOSIS PSICOLINGÜÍSTICA o la HIPNOSIS CON PROGRAMACIÓN NEUROLINGÜÍSTICA, el término "Estructura Superficial" se usa para referirse al lenguaje y experiencias sensoriales a través de un conjunto de palabras y sonidos (para el habla), o símbolos, signos e imágenes, (para el escrito). Desde el interior de la estructura profunda hasta la exteriorización del mensaje en la estructura superficial, el contexto o contenido de la experiencia va transformándose a medida que se aproxima a la superficie.

Es importante destacar que tanto el lenguaje como la experiencia sensorial del paciente o coachee pertenecen a niveles lógicos diferentes, y cada modalidad representacional puede ser traducida mediante el lenguaje hablado o escrito bien sea por palabras o frases. En otras palabras, a través del METAMODELO DEL

LENGUAJE podemos representar las experiencias vividas por cualquier experiencia sensorial de una personal, lo que permite al Hipnoterapeuta o Coach con PNL llevar la Sesión de Hipnosis fundamentados en estos principios.

Por otra parte, aprendiz, en la HIPNOSIS PSICOLINGÜÍSTICA o la HIPNOSIS CON PROGRAMACIÓN NEUROLINGÜÍSTICA, el término "Estructura Profunda" se usa para referirse al significado de cada palabras y sonidos (en el habla), o símbolos, signos e imágenes, (en el escrito) para cada persona según su experiencia interna. La ESTRUCTURA PROFUNDA representa La Mente que soporta o contienen el significado de la oración. (Es abstracta). Por lo que la PNL o PROGRAMACIÓN NEUROLINGÜÍSTICA considera que la estructura profunda está compuesta por las experiencias sensoriales y emocionales. Y considera al lenguaje hablado o escrito como una experiencia secundaria que se deriva a través de las experiencias primarias.

Al tener esto en cuenta en las sesiones de hipnosis, es mucho más sencillo provocar en el sujeto una disociación de la conciencia, es decir la separación entre la MENTE CONSIENTE y SUBCONSCIENTE, utilizando el METAMODELO DEL LENGUAJE, para logra tal fin. Con la finalidad, que la persona sea capaz de percibir los estímulos externos, a través de la atención focalizada en las sugestiones y/o órdenes inductivas que se les está transmitiendo verbalmente, permitiendo reaccionar o responder a dichos estímulos subjetivamente, accediendo voluntariamente a las sugestiones e inducciones que el Hipnólogo le está dando.

El METAMODELO DEL LENGUAJE fue desarrollado por los doctores Grinder y Bandler como un medio para trabajar con la estructura superficial del lenguaje para poder ayudar a las personas a enriquecer su modelo de mundo recuperando su estructura profunda y reconectándose con la experiencia primaria. Ya que, de alguna manera, todas las técnicas de HIPNOSIS con PNL son un intento de crear una mayor y mejor conexión holística integral entre la estructura superficial y la estructura profunda del paciente o coachee. Permitiendo utilizar estos modelos para cambiar la forma en que los sujetos registran los eventos en su estructura mental.

En otro orden de ideas, podemos decir que la HIPNOSIS PSICOLINGÜÍSTICA o la HIPNOSIS CON PROGRAMACIÓN NEUROLINGÜÍSTICA son intervenciones lingüísticas que hacen que el paciente o coachee mejore modificando los programas internos de acción mediante la utilización del METAMODELO DEL LENGUAJE, por eso la Hipnosis Ericksoniana tiene mucha relación directa con la Hipnosis con PNL.

*** ~~~ *** ~~~ *** ~~~

¿QUÉ ES UN METAMODELO? y ¿Cómo se Aplica a la Hipnosis?:

El METAMODELO es el estudio del lenguaje de su estructura y significado; y como está afecta a cada persona subjetivamente. Desde el punto de vista de la PNL, META deriva del GRIEGO y significa DENTRO DE "o" MAS ALLÁ. Un metamodelo entonces es la representación DENTRO DE una representación o un modelo que va MAS ALLÁ de los modelos. Por lo tanto, el METAMODELO DEL LENGUAJE sería un conjunto de formulario ideal o SUGESTIONES HIPNÓTICAS que va dentro de una serie de "preguntas claves" o preguntas inteligentes inductivas, sugestiones e inducciones que van más allá de las palabras, para mejorar nuestros procesos comunicativos en los estados de trance hipnóticos.

Por tal razón, el Modelo de Preguntas Mágicas a través de las SUGESTIONES e INDUCCIONES que propone la HIPNOSIS PSICOLINGÜÍSTICA o la HIPNOSIS CON PROGRAMACIÓN NEUROLINGÜÍSTICA se conoce con el término METAMODELO DEL LENGUAJE HIPNÓTICO.

Como hemos aprendido hasta ahora, hay una amplia y gran variedad de técnicas hipnóticas. El método que se elija dependerá de lo que se quiere lograr, así como las preferencias personales de cada persona que participa en las sesiones de hipnosis. Es importante destacar en este punto, que el hipnotista, hipnotizador o hipnoterapeuta elegirá y recomendará la mejor técnica según la necesidad del sujeto.

Por ejemplo, Uno de los métodos más efectivos que se pueden utilizar en una hipnoterapia, en una sesión de coaching, o en una sesión hipnosis con PNL, sería la HIPNOSIS ERICKSONIANA. Ya que esta permite que el hipnoterapeuta lleve la sesión de hipnosis, utilizando el lenguaje metafórico y simbólico, hablando en un tono de voz suave, pausado y relajado, describiendo imágenes que crean en el paciente o coachee una sensación de relajación, profundización, seguridad y bienestar. Mientras el sujeto en cuestión está bajo el trance hipnótico, el hipnoterapeuta sugiere maneras idóneas con las que el paciente pueda conseguir objetivos específicos, a través de sugestiones subjetivas e inducciones indirectas que les permitan lograr un fin en concreto. Estas sugestiones e inducciones podrían utilizarse según el caso de cada persona en particular, por ejemplo, en la reducción del dolor o el estrés o ayudar a eliminar la ansiedad asociada con dejar de fumar, etc.

Cómo podemos apreciar aprendiz, las probabilidades con este TIPO DE HIPNOSIS TERAPÉUTICA ERICKSONIANA SON ILIMITADAS, claro está, que están sujetas a la habilidad de "hiper sugestionabilidad" de la persona que accede al trance hipnótico y a la capacidad del hipnoterapeuta para amplificar las respuestas a través de profundizar las experiencias sugestivas de las personas a la cual se está hipnotizando y lograr los objetivos deseados.

Otra técnica muy efectiva en este caso, aplicada tanto a la HIPNOSIS PSICOLINGÜÍSTICA como a la HIPNOSIS CLÁSICA es la AUTO-VISUALIZACIÓN, que permite al hipnotista o hipnotizador una vez que ha llevado a entrar a un estado de trance hipnótico profundo al sujeto, a través de las técnicas de la HIPNOSIS ayuda al participante a estimular su "hiper sugestionabilidad" al activar su "hiper imaginación" o "hiper creatividad" para que acepte órdenes tanto directas como indirectas a través de sugestiones e inducciones específicas que permitan crear ciertas imágenes mentales que faculten al sujeto visualizar y reproducir claramente el fenómeno hipnótico que se quiere lograr.

Esta creación visual de imágenes mentales o cuadros vívidos de una situación específica se les conoce como VISUALIZACIONES MENTALES, y es una de las técnicas SUGESTIVAS e INDUCTIVAS tanto de la HIPNOSIS PSICOLINGÜÍSTICA como de la HIPNOSIS CLÁSICA, ya que es muy poderosa para ayudar a los participantes o pacientes a conseguir el fenómeno hipnótico deseado que se quiere lograr. POR EJEMPLO, Se hace que la persona se imagine una situación de inmovilidad bien sea de ojos, brazos u otras extremidades de su cuerpo, esta acción es conocida en el mundo de la hipnosis como CATALEPSIA.

Una vez que se sugestiona al sujeto con inducciones directas e indirectas a crear y reproducir dicha inmovilidad o catalepsia en alguna parte de su cuerpo específica, se comienza la profundización de la experiencia hipnótica a través de órdenes y sugerencias verbales, sugestiones subjetivas e inducciones directas e indirectas continuas y progresivas, que van provocando en el participante finalmente una inmovilidad o catalepsia, una vez entrado en el trance hipnótico y haber aceptado las sugestiones del hipnotizador y las inducciones sugestivas del hipnotista que le ordena sutilmente perder la movilidad momentánea de esa parte del cuerpo de la cual se imaginó y se le ordeno inmovilizar. Una vez logrado este primer objetivo, el hipnotizador procede a por medio de la profundización a fortalecer la realidad creada en la mente subconsciente del sujeto a través de las sugestiones verbales. Que son las que finalmente logra conseguir en el individuo el fenómeno hipnótico de la inmovilidad o catalepsia de esa parte del cuerpo en especial una vez que acepto completamente la sugestión y accedió a crear esa realidad impuesta por el hipnotista.

Una tercera técnica muy poderosa; en este caso en la HIPNOTERAPIA es la AUTO HIPNOSIS. Donde un hipnotista o hipnoterapeuta le enseña al individuo a inducir un estado de hipnosis en sí mismo. Y luego la persona; puede continuar, utilizando esta habilidad por su cuenta, una vez aprendida la técnica y la metodología para ayudarse a superar asimismo ciertos hábitos o mejorar su autoconfianza y seguridad personal, cada vez que así lo necesite.

Es importante destacar que toda HIPNOSIS es una AUTO HIPNOSIS, y toda relajación es una auto relajación. Ya que el hipnotizador da una serie de sugestiones e instrucciones, pero es el sujeto en cuestión el que se las repite a sí mismo, autosugestionándose y llegando al estado hipnótico deseado. En otras palabras, todo tipo de hipnosis sea esta Ericksoniana, Freudiana o Psicolingüística es AUTO HIPNOSIS ya que la persona es la que se permite así misma entrar en el estado hipnótico deseado.

*** ~~~ *** ~~~ *** ~~~

Bueno APRENDICES, ¡Hemos llegado al final de esta lección, hasta aquí has aprendido sobre historia de la HIPNOSIS su evolución y desarrollo a través de los siglos! ESPERO QUE TE HAYA GUSTADO ÉSTE PRIMER CAPITULO INTRODUCTORIO… Si tienes alguna duda o si hay algo que tal no entendiste; tranquilo es normal, al iniciar un nuevo aprendizaje :). Bueno; ten siempre presente que, "Si tienes alguna pregunta, puedes "Escribirme directamente a mi (E-mail).

MásterCoach.YlichTarazona@gmail.com

https://www.mastercoachylichtarazona.com/

EL PODER DE UN PROPÓSITO: "Saber cuál es el propósito que le da sentido a nuestra existencia, es lo que nos permite finalmente re-descubrir porque estamos aquí y para que hemos nacido. Recordemos que todos hemos nacido con un propósito, todos tenemos una misión. Y cuando la descubrimos y vamos en favor de ella, esto no solo le dará sentido a nuestra existencia, sino que abrirá un sinfín de probabilidades que nos llevaran directo a nuestro lugar de destino" -. YLICH TARAZONA.

*** ~~~ *** ~~~ *** ~~~

CAPÍTULO II: DEFINICIONES, CONCEPTOS, TEORÍAS Y PRINCIPIOS ELEMENTALES DE LA HIPNOSIS

Hola que tal, campeones y campeonas, me alegro de que ya nos encontremos en el segundo capítulo de este libro, en la primera parte te introduje en la historia de la HIPNOSIS su evolución y desarrollo a través de los siglos. Ahora aprendiz, entraremos a estudiar las Definiciones, Conceptos, Teorías y Principios Elementales de la Hipnosis.

Para comenzar este segundo capítulo es propicio conoce la **Definición de la Palabra HIPNO-SIS por su Origen en la Raíz Griega:**

- **"HIPNO"**: Que significa **"SUEÑO"** que proviene de la MITOLOGÍA GRIEGA (Hypnos), que era la personificación del (sueño), hijo de Érebo (dios de la oscuridad y la sombra) y Nix (diosa de la noche), y hermano gemelo de Thánatos (dios de la muerte) y padre de Morfeo (dios del sueño).

- **"SIS"**: Sufijo que significa **"ACCIÓN, PROCESO, RESULTADO DE"** ..., o estado mental irregular. Por lo tanto, la HIPNOSIS sería una acción o proceso de resultado de un estado mental irregular de "hiper sugestionabilidad" combinada y fusionada sinérgicamente con estados de "hiper imaginación", "hiper creatividad" e "hiper concentración" Creando como resultado, que el individuo conectara con su inconsciente o mente subconsciente, creando una indiferencia consciente del resto de las demás realidades o percepciones a su alrededor, abandonado todas las demás ideas, opiniones e impresiones del pensamiento, creando así una nueva realidad subjetiva.

Por tal razón aprendiz, la **HIPNO-SIS** al provenir del vocablo griego (**Hypnos**) que significa sueño, se le asocia simbólica y metafóricamente al adormecimiento, al sueño o al letargo, Pero recordemos que la expresión HIPNOSIS, solo es una referencia alegórica de la MITOLOGÍA GRIEGA (**Hypnos**) y a las PRÁCTICAS EGIPCIAS ANTIGUAS que se asocian a **(Los Templos del Sueño Egipcios)** que se practicaban en la antigüedad. Aunque en la actualidad y en la práctica real, la HIPNOSIS MODERNA no tiene nada que ver con el acto de "DORMIRSE, SOÑAR o ADORMECERSE" literalmente.

Como ya se ha comprobado científicamente la HIPNOSIS es "Un estado fisiológico normal del ser humano, donde se producen ciertos fenómenos fisiológicos semejantes al sueño REM, que al activarse por medio de las sugestiones e inducciones hipnóticas declaradas por el hipnotista, permite la aparición de respuestas ideo motoras, ideo sensoriales, e ideo-emocionales, pero el sujeto en cuestión siempre se mantiene despierto y alerta en todo momento, solo que en un estado de relajación y concentración mucho más elevado que el estado de vigilia.

Aunque es verdad que ciertas funciones del estado REM del sueño entra en juego en los procesos hipnóticos; es importante resaltar aprendiz, como ya hemos aclarado anteriormente que el ESTADO DE TRANCE HIPNÓTICO es muy diferente al SUEÑO FISIOLÓGICO normal que conocemos como el acto de (DORMIR)". Ya que repito, en ningún momento del procedimiento, las personas en el estado de trance hipnótico caen en algo como un sueño profundo, ni mucho menos se duermen literalmente en el trance.

*** ~~~ *** ~~~ *** ~~~

Definiciones de la HIPNOSIS

La HIPNOSIS es un estado mental o un grupo de actitudes generadas a través de una disciplina llamada HIPNOTISMO. Usualmente, la HIPNOSIS se compone de una serie de instrucciones verbales y sugestiones preliminares. Dichas inducciones pueden ser generadas por un hipnotista, hipnotizador o hipnoterapeuta en una terapia o sesión hipnótica, así como también, pueden ser "autoinducidas (autosugestión)" por la misma persona "AUTO HIPNOSIS".

Al usar la HIPNOSIS, una persona (el sujeto "participante o paciente") es dirigido o guiado por un especialista (el hipnotista, hipnólogo o hipnotizador) para responder a sugestiones verbales e inducciones preliminares a cambio de recibir experiencias internas subjetivas.

Estas experiencias internas subjetivas o fenómenos hipnóticos producen en (el sujeto "participante o paciente") alteraciones en su percepción de la realidad, al igual que una amplificación de las sensaciones multisensoriales, que permiten aumentar los niveles de hiper sugestionabilidad estimulando y redirigiendo sus emociones, pensamiento, emociones, acciones y comportamiento a un estado hipnótico deseado.

En otras palabras, la HIPNOSIS es un estado mental amplificador de las respuestas internas o profundizador de las experiencias sugestivas que está experimentando (el sujeto "participante o paciente") a través de un estado hipnótico inducido que permite la aparición de respuestas ideo motoras, ideos sensoriales, e ideo-emocionales que faculta a la persona a lograr mayores y mejores resultados con los procedimientos hipnóticos.

Claro está aprendiz, que en esta disciplina las personas también pueden aprender a "autoinducirse o (autosugestionarse)" así mismas a través de la AUTO HIPNOSIS, que es la capacidad o habilidad de emplear procedimientos Auto Hipnóticos efectivos en uno mismo y generar los cambios positivos y favorables que se desean.

Por estas razones, podemos reafirmar que la HIPNOSIS provoca temporalmente en el sujeto una DISOCIACIÓN DE LA CONCIENCIA, es decir, la separación temporal del FACTOR CRÍTICO entre su MENTE CONSIENTE y su INCONSCIENTE o MENTE SUBCONSCIENTE, con lo cual, las personas son capaces de percibir y experimentar los estímulos externos, a través de la atención focalizada en las SUGESTIONES y/o ÓRDENES INDUCTIVAS que se les están transmitiendo a través del especialista (hipnotista, hipnólogo o hipnotizador), permitiendo de esta manera, responder positiva y afirmativamente a dichos estímulos u órdenes subjetivamente de forma más efectivas, ACCEDIENDO voluntariamente a las sugestiones e inducciones recibidas, creando así esa nueva realidad.

Es importante puntualizar que el uso de la HIPNOSIS con fines terapéuticos se conoce como HIPNOTERAPIA. Aunque la hipnosis también es utilizada para fines de entretenimientos, como es en los casos de los shows de hipnosis de espectáculos.

*** ~~~ *** ~~~ *** ~~~

OTRA DEFINICIÓN Y TEORÍAS MENOS CONOCIDA DE LA HIPNOSIS:

TEORÍA DE LOS ESTADO ALPHA Y THETA. Gracias a los datos recogidos por la electroencefalografía, los cuatro mayores esquemas de los niveles de frecuencia u ondas cerebrales de los impulsos eléctricos que dispara el cerebro han sido identificados.

Esta teoría enseña que la HIPNOSIS o ESTADOS DE TRANCE HIPNÓTICO no son otra cosa que una transformación temporal de la conciencia de hiper sugestionabilidad en el momento en que la atención consciente del individuo disminuye en sus niveles de frecuencias y ondas cerebrales ALFA / ALPHA entre 13 a 8 Hz o ciclos por segundo "TRANCE LIGERO" o entre 7 a 4 Hz o ciclos por segundo de los niveles de frecuencias y ondas cerebrales ZETA / THETA "ESTADO DE HIPNOSIS PROFUNDA".

Lo que permite pasar de la percepción del mundo exterior, hacia la percepción que existe dentro de nosotros mismos. Permitiendo que la persona en el estado de trance hipnótico se ponga en un contacto directo y más profundo con su propio cuerpo, pensamientos y emociones, con la intención de interiorizar subjetivamente sobre un punto específico, tema, idea, sentimiento, recuerdo o situación en particular, de manera que se encuentra totalmente concentrado en sus propios procesos internos, que les faculta finalmente desconectarse del entorno o medio ambiente que les rodea permitiéndoles entrar en un hiper estado mental superior en la que son capaces de dejar de percibir las cosas que les rodean y concentrarse solo en una idea.

COMO POR EJEMPLO: *Sucede en los casos de las sesiones milenarias de los monjes tibetanos que entran en una clase de ESTADO DE MEDITACIÓN PROFUNDA, que les permite activar su glándula pineal y por ende las facultades conscientes de lo que ellos llaman conciencia superior, que les permite activar una tipo de sueño lúcido o la proyección astral mediante la MEDITACIÓN, debido a una focalización atencional estrecha a una solo idea en particular o estado de consciencia mayor, a la que ellos llaman ESTADO DE ILUMINACIÓN.*

Otra de las definiciones fisiológica de la HIPNOSIS atribuida a la TEORÍA DE LOS ESTADO ALPHA Y THETA es la que corrobora que el nivel de frecuencia y ondas cerebrales de los impulsos eléctricos necesario y más propicios para trabajar en temas tales como cambios de comportamiento, conducta, paradigmas, hábitos, estados de ánimo, sentimientos, emociones y pensamientos, es el ESTADO ALFA / ALPHA.

El ESTADO ALFA / ALPHA también es propicio para estimular las capacidades de la mente consciente y activar los poderes ilimitados de la mente subconsciente. Otra declaración fisiológica de la HIPNOSIS atribuida a la TEORÍA DE LOS ESTADO ALPHA Y THETA es la que afirma que el ESTADO ZETA / THETA se requiere para un cambio terapéutico de mayor trascendencia. El ESTADO ZETA / THETA también está asociado por ejemplo con la HIPNOSIS QUIRÚRGICA, utilizada para realizar cirugías a través de la hipnoanestesia y la hipnoanalgesia.

Otro de los descubrimientos más recientes y de mayor trascendencia en el estudio de la HIPNOSIS como se ha demostrado a través de los años, y que ha quedado evidenciado en los cientos de estudios e investigaciones sobre la TEORÍA DE LOS ESTADO ALPHA Y THETA, es que la HIPNOSIS o el ESTADO DE TRANCE HIPNÓTICO, en realidad es una facultad meditativa e intuitiva que desarrollamos la mayoría de los individuos sin darnos cuenta de ello.

POR EJEMPLO: *La gran mayoría de las personas de alguna u otra manera entramos y salimos permanentemente de "estados de trances hipnóticos" "estados ALFA /ALPHA" o "ESTADO ALTERADO DE CONCIENCIA", como también se le llama. Una buena prueba de esta afirmación sería, por dar un ejemplo cotidiano; cuando entramos en un ascensor distraídos, absortos en una idea, pensamiento o suceso, luego de unos segundos la puerta se abre, y sin darnos cuentas nos bajamos del ascensor, para luego darnos cuenta de que aún nos faltaban algunos otros pisos más para hacerlo.*

OTRO BUEN EJEMPLO: *Muy común en los ESTADOS DE TRANCE HIPNÓTICO INVOLUNTARIO, sucede a menudo cuando conducimos nuestro vehículo, y sabemos exactamente dónde tenemos que cruzar para llegar a nuestro lugar de destino, pero por unos instantes nos distraemos en un una idea, pensamiento o suceso, entonces en cuestiones de segundos, entramos en un "estado ALFA /ALPHA" o "ESTADO ALTERADO DE CONCIENCIA", que hace que nos pasamos el cruce, porque veníamos distraídos pensando en otra cosa.*

Esto quiere decir APRENDIZ, que en menor o en mayor grado, todas las personas entramos en "ESTADOS DE TRANCE HIPNÓTICOS" INVOLUNTARIOS o "ESTADO ALTERADO DE CONCIENCIA" de manera inconsciente.

Como pudimos darnos cuenta aprendiz; por los ejemplos anteriores, las personas no solo entran una y otra vez en ESTADOS DE TRANCE HIPNÓTICO INCONSCIENTES, sino que además tenemos la facultad de poner en trance a otras personas. Y te lo voy a demostrar.

UN BUEN EJEMPLO DE ESTO: *Sucede cuando le contamos a alguien una historia fascinante, o le relatamos un acontecimiento o situación que vivimos, y lo hacemos con tal intensidad y emoción, que la persona que nos escucha comienza a ser capaz de imaginarse vívidamente la situación, y a recrear en su mente cada acontecimiento como si lo estuviera viviendo personalmente en ese preciso momento. "{[En este instante, la persona que escucha atentamente la historia queda tan absorto en el relato, que entra en un estado de trance ALFA o "ESTADOS ALTERADOS DE CONCIENCIA" sin siquiera darse cuenta o percatase de ello]}".*

Y esta misma situación aprendiz, de "ESTADO ALTERADO DE CONCIENCIA" sucede y se repite muy regularmente, POR EJEMPLO: Cuando vemos una buena película y nos adentramos tanto en las historias y en el argumento de la misma, que la película termina por sumergirnos en la trama, de tal manera, que quedamos HIPNOTIZADOS por el filme.

De una manera tal, que finalmente comenzamos a recrear las mismas situaciones, acontecimientos, vivencias, pensamientos, sentimientos y estados emocionales por los que están pasando los protagonistas. A tal punto; es así, que experimentamos sus mismas emociones, bien sean estas de miedo, terror, suspenso, drama, dolor, tristeza, alegría, felicidad, amor, pasión, excitación, sensualidad y hasta deseo.

En fin, generamos una gran cantidad de situaciones MULTI-SENSORIALES que nos producen una RESPUESTA INCONSCIENTE EN NUESTRO ORGANISMO y que llamamos ESTADO DE TRANCE HIPNÓTICO INVOLUNTARIO. Y todo esto estímulos multisensoriales aprendiz, suceden dentro de nosotros internamente, sin siquiera darnos cuenta de ellos. Es decir, que todas estas RESPUESTAS INCONSCIENTES suceden en nuestra MENTE SUBCONSCIENTE por medio de estas REPRESENTACIONES SENSORIALES (Visual, Auditiva o kinestésico) que vivimos y experimentamos en nuestra vida cotidiana diariamente todos los días.

Ondas Cerebrales y Frecuencias EEG o Estados e Actividad Oscilatoria Neuronal relacionados a la Hipnosis.

Para continuar con el tema anterior de la TEORÍA DE LOS ESTADO ALPHA Y THETA y los niveles de frecuencia u ondas cerebrales, podríamos reafirmar médicamente hablando que el "ESTADO DE TRANCE HIPNÓTICO" podemos reconocerlo por un descenso en la actividad neuronal y la disminución de los niveles de las frecuencias de ondas cerebrales o actividad oscilatoria neuronal.

POR EJEMPLO: Si conectáramos un EEG o (Electroencefalograma) en la cabeza de un individuo, el mismo indicará una frecuencia neuronal o frecuencias de ondas cerebrales BETA mayor a 14 Hz o ciclos por segundo, cuando se encuentra en el ESTADO DE VIGILIA (es decir el estado normal máximo de alerta).

Entre 13 a 8 Hz o ciclos por segundo de ondas cerebrales ALFA / ALPHA cuando entramos en un Estado de Trance Ligero (Por ejemplo, en los estados de relajación, concentración, meditación, hiper sugestión, así como en los estados de trance hipnóticos involuntarios conocido como "distracción inconsciente" este último aprendiz, relacionados con los ejemplos anteriormente compartidos).

Entre 7 y 4 Hz o ciclos por segundo de ondas cerebrales ZETA / THETA al pasar al TRANCE PROFUNDO (Por ejemplo, en los ESTADOS de TRANCE, donde se producen los FENÓMENOS HIPNÓTICOS dentro de la HIPNOSIS, así como también se encuentran los estados de relajación, concentración y meditación profunda logradas a través de ciertas disciplinas como el budismo tibetano). En este estado ZETA / THETA también se encuentran las personas que tienen la faculta de experimentas sueño lucido, experiencias extracorporales o viajes astrales).

Entre 3 y 2 Hz o ciclos por segundo de ondas cerebrales DELTA quiere decir el estado donde nos encontramos (profundamente dormidos o desmayados) "Estas dos 2 ultimas nada tiene que ver con la HIPNOSIS" Si marca 1 a 0.5 ciclos quiere decir que estamos en un (estado de coma) y finalmente El 0 indica (la muerte).

Partiendo de estas escalas y estudios relacionados estrechamente con los niveles de frecuencias y ondas cerebrales, podemos afirmar claramente que la gran mayoría de las personas, hemos entrado de alguna u otra manera en los estados ALFA / ALPHA de trance hipnótico ligero (entre 13 a 8 Hz o ciclos por segundo de ondas cerebrales) de manera inconsciente e involuntaria.

Lo que ocurre en estos casos, es que no nos damos cuenta de ello, porque no teníamos ninguna referencia que nos sirviera para diferenciar un "estado de consciencia alterado orientado hacia los procesos internos", que nos permitiera diferenciarlos de un "estado ALFA / ALPHA orientado a los procesos de percepción externa".

A modo de recapitulación, podemos decir que el TRANCE HIPNÓTICO es entonces un método muy eficaz que se usa de forma sistemática (seamos consciente de ello o no) para trasladar a una persona de un estado de consciencia a otro (bien sea este proceso consciente o inconscientemente).

En el que dicha persona, que entra en el trance hipnótico o estado de "hiper sugestionabilidad" o "hiper creatividad" es decir un amplificador de respuesta o profundizador de las experiencias sugestivas o estado "hiper concentración" y relajación que le permite experimentar transformaciones personales de un modo mucho más eficaz, efectivo y de manera más sencilla, que si realizara el mismo procedimiento en el ESTADO ALERTA o ESTADO DE VIGILIA.

BREVE ESQUEMA DE ONDAS CEREBRALES Y FRECUENCIAS EEG O ESTADOS DE ACTIVIDAD OSCILATORIA NEURONAL.

ONDAS BETA = Entre 14 a 28 Hz o (ciclos por segundo o cps)

ESTADO DE VIGILA, totalmente despierto, alerta y con los 5 sentidos activos.

Estado de concentración propicio para concentrarse en una actividad específica.

ONDAS ALFA / ALPHA = Entre 8 a 13 Hz o (ciclos por segundo o cps)

Estado de TRANCE LIGERO

Estado de MEDITACIÓN, RELAJACIÓN y CONCENTRACIÓN

Estado propicio para comenzar a realizar AUTO HIPNOSIS y practicar hipnosis.

Estado propicio para recordar los sueños e inducir provocar los sueños lúcidos.

Estado de relajación propicio para activar la creatividad o pensamiento creativo y mejorar el proceso de enseñanza aprendizaje.

ONDAS ZETA / THETA = Entre 4 a 7 Hz o (ciclos por segundo o cps)

Estado de SOMNOLENCIA o Estado de ENSUEÑO y RELAJACIÓN PROFUNDA.

Estado ONÍRICO o estado CREPUSCULAR propicio para estimular y crear sueños lúcidos, provocar viajes astrales o Experiencias Extra Corporales.

ONDAS DELTA = Entre 0,5 a 3 Hz o (ciclos por segundo o cps)

Estado de SUEÑO, RELAJACIÓN, MEDITACIÓN o TRANCE PROFUNDO

Estado propicio para crear fenómenos hipnóticos de alto nivel, y estimular la hiper -sugestionabilidad, hiper creatividad y la hiper concentración a niveles superiores que permite la aparición de respuestas ideo motoras, ideos sensoriales, e ideo-emocionales. Es decir, el ESTADO DELTA un amplificador de respuesta o profundizador de las experiencias sugestivas extra sensorial, física y mental.

ONDAS GAMMA = Mayor a superior a 40 Hz (ciclos por segundo o cps)

Esta última Ondas Cerebrales o Estados de Actividad Oscilatoria Neuronal es la frecuencia más recientemente descubierta en la actualizad. Así lo aseguran; los últimos y más recientes estudios relacionados sobre el tema de las Frecuencias EEG y la TEORÍA DE LOS ESTADO ALPHA Y THETA.

Estado o NIVEL DE INTROSPECCIÓN

Estado de perspicacia, ráfaga de conocimiento y alto nivel de procesamiento de información y arranques explosivos de ideas creativas.

Estas Ondas Cerebrales o Estados de Actividad Oscilatoria Neuronal GAMMA son popularmente conocidas como el ESTADO EUREKA.

GRADOS, NIVELES Y ESTADOS DEL TRANCE HIPNÓTICO SEGÚN LA ESCALA DE ERIC BARONE

ESTADO DE VIGILA "Z0" Presente Aquí y Ahora.

Estado consciente que se caracteriza por un alto nivel de frecuencia u ondas cerebrales en la actividad neuronal del ESTADO BETA = Entre 14 a 28 Hz o (ciclos por segundo o cps)

Es la expresión manifiesta de las sensaciones y percepciones sensoriales (V-A-K "O y G") Visual, Auditivo y Sensorial "Kinestésico".

Recibir y aceptar sugestiones simples, afirmaciones positivas, inducciones y patrones a través de la hipnosis conversacional de un CÍRCULO DE POTENCIA, Nivel de Fuerza o Nivel de Autoridad "FP0" y "FP1".

Estado de concentración propicio para concentrarse en una actividad específica, se caracteriza por la expresión del lenguaje verbal y no verbal, la memoria, las emociones, los recuerdos, los instintos, la atención, los deseos y el conocimiento.

Se caracteriza por mantenerse totalmente despierto, alerta y con los 5 sentidos activos (vista, oído, tacto, gusto y olfato).

ESTADO HIPNOIDAL o Encantamiento Z0 y Z1.

Estado semiconsciente, que se caracteriza por la disminución de los niveles de frecuencia u ondas cerebrales en la actividad neuronal del ESTADO ALFA / ALPHA = Entre 8 a 13 Hz o (ciclos por segundo o cps)

Estado de TRANCE LIGERO propicio para comenzar a realizar AUTO HIPNOSIS, practicar hipnosis y es un estado favorable para recibir y aceptar sugestiones simples, afirmaciones positivas, inducciones progresivas y patrones hipnóticos básicos de un CÍRCULO DE POTENCIA, Nivel de Fuerza o Nivel de Autoridad "FP1" y "FP2".

En este estado, el sujeto es consciente de todo lo que ocurre en su entorno, por lo que en ocasiones pude dudar de su estado de trance hipnótico hipnoidal. Al despertar mayormente evaluarán el tiempo incorrectamente, creerán que han pasado diez minutos cuando en realidad ha pasado un tiempo mucho mayor.

Nos hace más sugestionables a las emociones y sentimientos.

Estado hipnótico que se presenta de forma natural o creada, por ejemplo:

Al ver una película, ir al cine, escuchar una determinada música.

Mientras hacemos una oración o recitamos un mantra.

Mientras nos sumergimos en la lectura de un buen libro.

Cuando estamos enamorados - enamoramiento o encantamiento.

Cuando tenemos una perdida leve de la noción del tiempo.

Cuando tenemos receptividad a ciertas propagandas o publicidad.

Se manifiesta cuando soñamos despiertos o visualizamos.

Mientras oímos una clase o presenciamos una charla o conferencia.

Se caracteriza por los siguientes FENÓMENOS HIPNÓTICOS

Relajamiento Mental

Relajamiento Físico

Disminución parcial de la respiración

Disminución parcial del pulso o ritmo cardiaco

Sensación de la letargia leve

Sensación de catalepsia leve

Cierre de ojos parcial

Aumento del número de pestañeo

Aletargamiento parcial de la mente

La persona se hace más susceptible a las sugestiones e inducciones de un CÍRCULO DE POTENCIA, Nivel de Fuerza o Nivel de Autoridad "FP1" y "FP2".

TRANCE HIPNÓTICO LEVE o Superficial Z1.

Estado seminconsciente, que se caracteriza por una mayor disminución de los niveles de frecuencia u ondas cerebrales en la actividad neuronal del ESTADO ZETA / THETA = Entre 4 a 7 Hz o (ciclos por segundo o cps)

Es propicia a aceptar y recibir una mayor cantidad y sugestiones directas e inducciones sugestivas leves y patrones hipnóticos y comandos progresivos de un CÍRCULO DE POTENCIA, Nivel de Fuerza o Nivel de Autoridad "FP3" y "FP4".

En este estado, el sujeto es consciente de todo lo que ocurre a su alrededor, por lo que en ocasiones pude dudar estar bajo los efectos del estado hipnótico leve, aunque al despertar evaluará que el tiempo ha transcurrido sin percatarse de ello del todo, creerá haber pasado un tiempo cuando en realidad ha pasado mucho más del percibido.

Estado propicio para la practicar la relajación, la meditación, la concentración y desarrollar estados de excelencia a través de la hipnosis.

Estado propicio para la practicar intimidad y relaciones sexuales a un nivel superior multiorgásmico, tipo sexo tántrico tibetano o sexo hindúes "Kama Sutra".

Estado ONÍRICO o estado CREPUSCULAR propicio para estimular y crear sueños lúcidos, provocar viajes astrales o Experiencias extra corporales.

Estado propicio para comenzar a sugestionar e inducir cambios positivos en nuestros pensamientos, sentimientos, conductas y hábitos.

Se caracteriza por los siguientes FENÓMENOS HIPNÓTICOS

*Mayor control de las emociones y sentimientos

*Disminución de la respiración, esta se hace más lenta

*Disminución paulatina del pulso o ritmo cardiaco

*Sensación del letargia o aletargamiento físico y mental

*Sensación de catalepsia ocular y de extremidades

*Cierre de ojos y Aumento del número de pestañeo

*Aumento de la empatía, lo que permite crear un mayor rapport en las sesiones o show de hipnosis de espectáculos

*La persona se hace mucho más susceptible a las sugestiones e inducciones siendo más propicias para recibir y aceptar órdenes directas

*Estado propicio para practicar sesiones de hipnosis, coaching y PNL entre otras prácticas alternativas, como reiki, yoga, taichí o acupuntura.

*Aumento de la Capacidad de Reflejos (Artes Marciales)

*Estado propicio y muy efectivo para programar la mente, hacer una reingeniería cerebral, practicar hipnopedia, AUTO HIPNOSIS, autosugestión, auto visualización o aprender o practicar algún nuevo idioma o habilidad.

*La persona se hace más susceptible a las sugestiones e inducciones de un CÍRCULO DE POTENCIA, Nivel de Fuerza o Nivel de Autoridad "FP3" y "FP4".

TRANCE HIPNÓTICO MEDIO o Cataléptico Z1 y Z2.

Estado de mayor semi inconsciencia, que se caracteriza por una mayor disminución de los niveles de frecuencia u ondas cerebrales en la actividad neuronal, perceptibles exteriormente del ESTADO ZETA / THETA = Entre 4 a 7 Hz o (ciclos por segundo)

Es propicio para recibir y aceptar una mayor cantidad de sugestiones, inducciones y órdenes subjetivas directas a través de patrones hipnóticos de un CÍRCULO DE POTENCIA, Nivel de Fuerza o Nivel de Autoridad "FP5" y "FP6".

Se caracteriza por los siguientes FENÓMENOS HIPNÓTICOS

*Fenómeno Hipnótico Analgesia y Anestesia Baja y Media, (Tolerancia y capacidad susceptible para aliviar y controlar cierto grado de dolor), Efecto faquir Traspasarse con aguja, anestesia quirúrgica local.

*Amnesia ligera y media, capacidad para olvidar ciertas ideas o sencillas, tales como nombres, fechas, números, colores, olores, sabores y sucesos.

*Fenómeno Hipnótico Letargo, Catalepsia y Catatónico Cataléptico Medio

*Capacidad de mantener el Trance Hipnótico Medio o Cataléptico, bien sea con los ojos abiertos o cerrados.

*Este estado Hipnótico Medio o Cataléptico permite al sujeto aceptar una inhibición (Una prohibición leve) por ejemplo comenzar a dejar un mal hábito.

*Acepta y recibe sugestiones directas, comandos, patrones e inducciones hipnóticas de intensidad media de un CÍRCULO DE POTENCIA, Nivel de Fuerza o Nivel de Autoridad "FP5" y "FP6".

*Estado ONÍRICO o estado CREPUSCULAR propicio para estimular, crear mantener sueños lúcidos, provocar viajes astrales y Experiencias extra corporales.

*Alucinaciones Multisensoriales Leves Visuales, Auditivas y Kinestésica, Olfativas y Gustativa

*Capacidad para entrar y mantener niveles profundos de Relajación, Meditación, Concentración e Hiper Sugestionabilidad.

TRANCE HIPNÓTICO UMBRAL SONAMBÚLICO o Sonambúlico Z2.

Estado de Mayor Trance Hipnótico, que se caracteriza por un mayor grado de la disminución de los niveles de frecuencia u ondas cerebrales en la actividad neuronal del ESTADO DELTA = Entre 0,5 a 3 Hz o (ciclos por segundo o cps), perceptibles exteriormente.

*Es propicio para recibir y aceptar una mayor cantidad de sugestiones, inducciones y órdenes directas subjetivas a través de patrones y comandos hipnóticos de un CÍRCULO DE POTENCIA, Nivel de Fuerza o Nivel de Autoridad "FP7" y "FP8".

*Este estado Hipnótico Sonambúlico permite al sujeto aceptar inhibiciones (Una prohibición medias y altas) por ejemplo dejar o controlar algún mal hábito.

Estado propicio para la practicar de Sesiones y Show, Regresiones y Trances.

Se caracteriza por los siguientes FENÓMENOS HIPNÓTICOS

*Estado propicio para crear fenómenos hipnóticos y estimular la "hiper sugestionabilidad", "hiper creatividad" y la "hiper concentración" que permite la aparición de respuestas ideo motoras, ideos sensoriales, e ideo-emocionales amplificando los niveles de respuesta y profundizando las experiencias sugestivas extra sensorial, física y mental.

*Capacidad de desarrollar Fenómeno Hipnótico Analgesia y Anestesia moderada, control total del dolor, capacidad de caminar sobre brasas ardiendo, atravesarse con alfileres y tener tolerancia al contacto con el fuego y el hielo.

*Amnesia desarrollar la capacidad de olvidar situaciones, recuerdos, acontecimientos, fobias, miedos y traumas.

*Fenómeno Hipnótico Letargo, Catalepsia y Catatónico Cataléptico moderada y alta de extremidades o cuerpo entero.

*Capacidad de mantener el Trance Hipnótico con los ojos abiertos o cerrados y desarrollar la capacidad de mantener los fenómenos hipnóticos.

*Estado de hiper sugestionabilidad" es decir una amplificación superior de respuesta o profundizador de las experiencias sugestivas o estado de hiper concentración y relajación total que se asocia metafóricamente al adormecimiento profundo, esta última llamada estado de trance hipnótico.

*Alucinaciones Multisensoriales Medias, Altas y Moderadas - Visuales, Auditivas y Kinestésica, Olfativas y Gustativa. (Ver cosas que en realidad no se ven, Escuchar cosas que en realidad no se escuchan, Sentir sensaciones, sentimientos y contactos físico que en realidad no son reales, Olfatear y Degustar olores o sabores que en realidad no existen en el mundo físico real)

*Capacidad para controlar conscientemente el ritmo cardiaco, la respiración profunda o letárgica y controlar voluntariamente los niveles corporales del cuerpo para soportar altas o bajas temperaturas.

*Nivel superior de control prolongado del trance y los fenómenos hipnóticos y el estado de sonambulismo.

*Capacidad superior para acepta y recibe sugestiones directas, comandos, patrones e inducciones hipnóticas de intensidad alta de un CÍRCULO DE POTENCIA, Nivel de Fuerza o Nivel de Autoridad "FP7" y "FP8".

*Desarrollo de la capacidad de la XENOGLOSIA que es la habilidad o fenómeno paranormal hipnótico de hablar idiomas y lenguajes desconocidos.

*Capacidad de la NOESIOLOGÍA que es la habilidad de curación con el pensamiento. Del griego noesis: acción de pensar, y terapia curación.

*PSICOGRAFÍA Habilidad psíquica de una persona que escribe letras sin estar consciente. La persona afirma que las palabras fueron escritas por el subconsciente, por un espíritu o por fuerzas sobrenaturales relacionadas a la hipnosis.

*Capacidad de desarrollar Fenómenos Hipnóticos como las regresiones, la distorsión o disociación del tiempo y del espacio, las ilusiones corporales, visuales o auditivas, la meditación profunda, y por supuestos las experiencias místicas, tales como la clarividencia, la psicografía, la xenoglosia, la noesiología y hasta los sueños lúcidos, los viajes astrales y las experiencias extrasensoriales.

*** ~~~ *** ~~~ *** ~~~

OTRAS TEORÍAS SOBRE LA HIPNOSIS

Como hemos venido estudiando hasta ahora aprendiz, podemos deducir que la HIPNOSIS al igual que todos los FENÓMENOS HIPNÓTICOS que se relacionan a ella; son un ESTADO MENTAL, un ESTADO ALTERADO DE CONSCIENCIA o un ESTADO DE CONDUCTA NATURAL que ha existido desde los orígenes mismos de la humanidad, con diferentes nombres y aplicaciones a través de los tiempos, pero siendo siempre en todas las eras un mismo fenómeno psiconeurofisiológico.

Hoy es entendida la HIPNOSIS desde diferentes enfoques como un modelo, un estilo comunicacional, un estado de receptividad específico, una experiencia cognitiva y una predisposición hiper sugestionable que utiliza y optimiza los propios potenciales y recursos internos que posee cada persona. En la actualidad aprendiz; no existe una teoría predominante, única o exclusiva, sino que más bien existen un conjunto de teorías o conceptos, cada cual con su propio punto de vista.

En otro de ideas aprendiz, aunque LA HIPNOSIS ES REAL y absolutamente práctica, terapéutica y funcional. Las teorías y postulados todavía no están definida en una solo idea en particular, es más como un conjunto de ideas distintas, que se complementan holística y sinérgicamente entre sí, desde distintos puntos de vistas, que aportan mayor luz e información, al mismo tiempo que se descubren nuevos conceptos a través de los estudios e investigaciones constantes sobre esta maravillosa disciplina. Por tal razón, para muchos la HIPNOSIS es y sigue siendo un enigma, o una de las siete maravillas de la psicología antigua y moderna.

ESTUDIEMOS ALGUNAS DE LAS TEORÍAS MÁS IMPORTANTES

1.- La Teoría de la HIPNOSIS como Comunicación Efectiva. Toda HIPNOSIS es COMUNICACIÓN EFECTIVA, "feedback, retroalimentación / estimulo, respuesta" comunicación verbal y no verbal. Para esta teoría la HIPNOSIS y todas sus aplicaciones posibles, están derivada de la buena comunicación. En otras palabras, aprendiz; para esta teoría, la HIPNOSIS es la capacidad de estimular percepciones multisensoriales a través del lenguaje figurado creado por medio de la palabra hablada, que es finalmente la que permite producir las alteraciones en nuestra consciencia; trayendo como resultado la Bio Retroacción, que es el proceso mediante el cual estimulamos una respuesta a través de una acción específica, creada y diseñada para provocar un fin determinado. En otras palabras; la teoría de la HIPNOSIS como COMUNICACIÓN EFECTIVA es la habilidad de reinducir las respuestas que se quiere obtener por medio de un estímulo insertado a través del poder de la palabra hablada, que nos permite redirigir la experiencia hipnótica de la persona con quien estamos interactuando.

2.- La Teoría Hipnótica como Relajación y Concentración. Para esta teoría, la relajación profunda y la concentración mental son consideran como la fuente primaria y fundamental que produce la HIPNOSIS. Y por la cual, supuestamente derivan todos los demás fenómenos hipnóticos, como, por ejemplo: Las regresiones, la distorsión o disociación del tiempo y del espacio, las ilusiones corporales, visuales o auditivas, la meditación profunda, y por supuestos las experiencias místicas, tales como la clarividencia, la psicografía, la xenoglosia, la noesiología y hasta los sueños lúcidos, los viajes astrales y las experiencias extrasensoriales.

3.- La Teoría Disociativa. La Teoría Disociativa afirma que hay múltiples sistemas cognitivos que normalmente trabajan de forma sinérgica bajo un control primario. Durante la HIPNOSIS, los subsistemas normalmente integrados entre sí se disocian (separan) unos de otros a diversas escalas o niveles, y son capaces de dar respuestas simultáneas e independientes a múltiples grados de consciencia ante las sugestiones e inducciones declaradas por el hipnotizador.

4.- La Teoría de Regresión Psicológica. Esta teoría afirma que la HIPNOSIS es una forma especial de regresión psicológica que se caracteriza por un cambio de pensamiento primarios más primitivos, y por un aumento alterado del estado de consciencia a través de la transferencia de datos (sugestiones e inducciones) declaradas por el hipnotista o hipnotizador, que, para esta teoría, representa una figura de autoridad casi arquetípica.

5.- La Teoría Sociocognitivo: Esta teoría afirma que la HIPNOSIS no es una experiencia única o particular de un fenómeno psíquico, sino que más bien, está definida por el contexto psicosocial y psicocognitivo en el que se produce el fenómeno hipnótico, a través de la manera, la creencia o el mapa mental por el que cada participante perciben y entiende los procesos hipnóticos, y por la cual, consideran las respuestas hipnóticas como parte del resultado de la inducción.

6.- La Hipnosis como Teoría de un Estado Permisivo. El enfoque autoritario que tienen los hipnoterapeutas clínicos con una orientación más tradicional a la HIPNOSIS CLÁSICA, es la base para la descripción que hace esta teoría de la conducta pasiva y permisiva que desarrolla el sujeto. Esta teoría afirma que el individuo permisivo, es aquel que se caracteriza por permitir o conceder que el hipnólogo o hipnotista clínico dirija su experiencia subjetiva, expresando pocos o ningún deseo de resistencia a las órdenes dadas durante la sesión hipnótica. Esta teoría espera que el sujeto (paciente o participante) responda tanto como pueda a la guía, instrucción, sugerencias, y sugestiones (inducciones) directas del hipnotizador, y así, la persona intervenga en un rol pasivo y secundario receptivo en la relación "paciente doctor" "participante hipnotizador". En otras palabras, esta teoría, ve al individuo como un sujeto pasivo y receptivo a las sugerencias, y sugestiones (inducciones) directas del hipnoterapeuta clínico.

7.- La Hipnosis como Feedback. Para esta teoría, obtener retroalimentación o (feedback) de los sentidos respecto a nuestra relación con el mundo exterior que nos rodea, es un proceso llamado "contrastación con la realidad". Este proceso normalmente es tan inconsciente e involuntario, que lo damos por sentado en las sesiones hipnóticas. Esta teoría afirma que, cuando entramos por primera vez en un estado de trance hipnótico, el proceso continuo de contrastación con la realidad es marcadamente reducido o casi nula. Cuando uno suspende el proceso de obtener retroalimentación o (feedback) con el mundo exterior que le rodea, centrándose única y exclusivamente en sus propios procesos internos, da como resultados los fenómenos hipnóticos, lo que permite a la persona desviar cualquier orientación que esté fuera de su experiencia interna subjetiva, y este proceso es lo que caracteriza a la mayoría de las experiencias hipnóticas "{(aunque claro está, la HIPNOSIS también se puede centrar en aspectos externos, según sea el caso)}" En otro orden de idea, al suspender la contrastación objetiva con la realidad la persona a través de la HIPNOSIS, el sujeto queda libre para aceptar cualquier realidad subjetiva que se le sugiera. La realidad sugerida, independientemente de que sea verdadera o falsa, determinará la calidad y la cantidad de las respuestas ideo motoras, ideos sensoriales, e ideo-emocionales y conductuales de la persona.

8.- La Hipnosis como Teoría de Role Playing. Para esta perspectiva sociocognitiva particular, la HIPNOSIS como entidad de conciencia única y separada no existe realmente como tal. Para esta teoría, sólo ocurre la HIPNOSIS cuando alguien (el paciente o participante) desea voluntariamente representarla. Para esta teoría, (el paciente o participante) no entra realmente en una dimensión de conciencia que difiera de forma apreciable de ninguna otra. Más bien, la persona o sujeto en cuestión, desempeña el papel activo de cómo se supone que es, o que debería ser, y actúa según esos parámetros establecidos previamente. En otro orden de idea, (el paciente o participante) cumple y sigue las sugerencias, y sugestiones (inducciones) declaradas por el hipnotizador en respecto a un objetivo determinado con anticipación, para cumplir un fin en particular.

9.- La Hipnosis como un Estado de Conciencia Alterado. Esta teoría, considera y afirma que el estado hipnótico es un estado real, único, separado y distinto del estado normal de vigila. Por tal razón, este estado hipnótico puede ser creado y producido artificialmente mediante el proceso correcto de inducción hipnótica, que altera la experiencia subjetiva y fenomenológica de la persona en cuestión. Limitando así, el factor crítico de la mente y la atención consciente del individuo a través de las sugestiones e inducciones que se le ofrecen por medio del especialista hipnólogo, hipnotista o hipnotizador.

10.- Teorías Biológicas. Para esta teoría, la fuerte relación existente entre la mente y el cuerpo (Psiquis y Somas) es claramente evidente en las interacciones hipnóticas. Y esto ha llevado a formulaciones teóricas que defienden la existencia de una BASE BIOLÓGICA y FISIOLÓGICA en la predisposición de la persona frente a la HIPNOSIS. Esto da como resultado "{(la calidad de la interrelación existente holística e integral entre los dos hemisferios cerebrales, así como el ritmo ultradiano y la asimetría hemisférica)}" trayendo como consecuencia la aparición de los diferentes fenómenos hipnóticos en las sesiones de hipnosis.

11.- Teoría del Estado Vs. No Estado. Los autores Pérez-Garrido, González-Ordi y Miguel-Tobal afirman que las investigaciones básicas sobre la HIPNOSIS se han centrado, entre otras cuestiones, en averiguar cuáles son las características subyacentes de los procesos hipnóticos. La mayoría de los investigadores se adscriben a dos concepciones o paradigmas distintos sobre la naturaleza de la hipnosis: 1) El paradigma tradicional, que presupone que la hipnosis implica un estado alterado de consciencia, y 2) El paradigma, cognitivo-comportamental o sociocognitivo, que argumenta que no es necesario recurrir al concepto de estado alterado para explicar el comportamiento hipnótico. Demos algunos ejemplos para entender estas ideas: 1) Los defensores de los determinantes internos o estado alterado de consciencia postulan que el comportamiento hipnótico vienen fundamentalmente establecido por determinadas variables a modo de habilidades, capacidades o características psicológicas preexistentes tales como: Disociación, absorción, imaginación e implicación emocional, capacidad de relajación, focalización de la atención, flexibilidad cognitiva, entre otras , y 2) Los defensores de los determinantes ambientales externos o no estado, hacen hincapié en que es la situación definida de la HIPNOSIS misma la que determina finalmente el comportamiento hipnótico del sujeto, en virtud a las diferentes variables contextuales, que producen una modificación de los paradigmas del sujetos, que les permite finalmente desarrollar y asumir: Las actitudes y expectativas, roles y compromiso dentro de las sesiones hipnóticas de manera voluntarias y conscientes.

12.- Teoría de la Hipnosis Clínica. La teoría de la HIPNOSIS CLÍNICA se basa en la creencia de que existe una modalidad vincular de relación bipersonal o multi personal entre el paciente y el hipnoterapeuta. La HIPNOSIS CLÍNICA se considera como una forma de COMUNICACIÓN EFECTIVA donde el terapeuta se comunica eficazmente con el mundo interior de su paciente, a través de vivencias subjetivas que el hipnoterapeuta provoca en él, a través de las inducciones y las sugestiones verbales, por medio del poder de la palabra hablada. Tomando como punto de partida, la HIPNOSIS CLÍNICA es la capacidad de COMUNICAR SENSACIONES de seguridad, protección, consideración, cuidado y respeto mutuo. De este modo, a través de esa relación interpersonal de COMUNICACIÓN EFECTIVA, permite que el paciente atenúe sus mecanismos de defensa del ESTADO DE VIGILIA y permita bajar la guardia del FACTOR CRÍTICO DE LA MENTE, que finalmente, pasado estos dos obstáculos permitir al paciente alcanzar un estado de intensa serenidad tanto física como mental. Logrando así, un profundo estado de trance hipnótico deseado al enfocarse sobre sí mismo y las experiencias internas provocadas por el especialista. Desde esta perspectiva, la HIPNOSIS CLÍNICA se puede ver como un FENÓMENO DE COMUNICACIÓN EFICAZ que manifiesta la relación entre un ser protegido (el paciente) y un personaje protector (el HIPNOTERAPEUTA).

13.- Teoría de la Hiper-Sugestionabilidad. Actualmente esta es una de las teorías más populares y difundidas en los últimos años. Esta teoría se fundamenta en que la atención consciente del sujeto se encuentra en los procesos hipnóticos, que están estrechamente relacionados a ciertas técnicas de inducciones y sugestiones verbales usadas estratégicamente por el hipnólogo clínico o el hipnotista de show de teatro, para causar ciertos fenómenos hipnóticos en el individuo. Como la atención del sujeto (paciente o participante) se enfoca en el poder de la palabra hablada del hipnotizador; este eventualmente a través de las sugestiones verbales y las inducciones hipnóticas se sobre imponer a la voz interior del sujeto en cuestión, ayudándole a desarrollar respuestas ideo motoras, ideos sensoriales, e ideo-emocionales. Convirtiéndose todos estos elementos de la HIPER-SUGESTIONABILIDAD en una herramienta efectiva para conseguir el ESTADO HIPNÓTICO DESEADO, en la que el individuo entra en un estado amplificador de respuesta o profundizador de las experiencias sugestivas conocida también como estados de "hiper creatividad", "hiper imaginación" "hiper concentración" e "hiper relajación" que les permite experimentar transformaciones personales de un modo mucho más eficaz, efectivo y de manera más sencilla, que si realizara el mismo procedimiento hipnótico en el ESTADO ALERTA o ESTADO DE VIGILIA.

14.- Teoría de la Construcción Social y Teoría del Rol. Esta teoría sugiere que los individuos (pacientes o participantes) asumen un rol participativo previamente preestablecido, y así permiten al HIPNOTIZADOR crear en ellos una REALIDAD ALTERNA SUBJETIVA. Esta relación depende de cuánta información se haya establecido preliminarmente entre el hipnotizador y el sujeto. Esta teoría sugiere que generalmente bajo los efectos de la HIPNOSIS la gente se vuelve más receptiva a la sugestión, permitiendo crear cambios favorables en la forma en que se piensan, sienten y se comporta el individuo. Mucho trabajo experimental en el campo de la HIPNOSIS ha demostrado que las experiencias subjetivas de los sujetos hipnotizados pueden ser dramáticamente formadas por expectaciones y matices sociales. "{(Este punto de vista normalmente se puede malentender. La TEORÍA DE LA CONSTRUCCIÓN SOCIAL Y TEORÍA DEL ROL no desacredita la afirmación de que los individuos hipnotizados están realmente experimentando efectos reales de sugestión. Tan solo afirma que los mecanismos por los cuales se llevan a cabo estas acciones están en parte construidos psico-socialmente y que no necesariamente están fundamentadas exclusivamente en un estado de conciencia alterada)}".

15.- Teoría Científica y sus Aspectos Fisiológicos. Gracias a las investigaciones que se han realizado a través de los años acerca de la HIPNOSIS se han descubierto procesos neurofisiológicos y áreas cerebrales que se involucran activamente en todos los fenómenos hipnóticos conocidos. Entre las áreas cerebrales más resaltantes que se activan en los procesos hipnóticos podemos mencionar los siguientes: La corteza prefrontal dorsolateral y el córtex cingulado. Áreas relacionadas con los procesos de atención y conciencia. 1º La corteza prefrontal que es un área integrativa que se relaciona con la planeación, atención selectiva, y la modulación de otras funciones cerebrales (generalmente por medio de la inhibición). 2º La otra área importante involucrada es el córtex cingulado que se encuentra formado como parte del sistema límbico involucrado en las diferentes funciones como la recompensa, detección de errores, atención, motivación y especialmente en las EMOCIONES. De hecho, estas áreas cerebrales, se encuentran involucradas activamente en muchos otros aspectos relacionados a la experiencia y al comportamiento humano. Otros estudios científicos han demostrado que la HIPNOSIS también se ha relacionado con la asimetría hemisférica; relacionada a los hemisferios cerebrales. Estas conclusiones están argumentadas, en algunas investigaciones que sugieren que las respuestas en los procesos hipnóticos se asocian más al hemisferio derecho del cerebro. Ya que dichas respuestas, se ven más relacionada a los procesos cognitivos, creativos, de intuición y los pensamientos no verbales producidos en dicho hemisferio.

EN CONCLUSIÓN: Nuestra revisión exhaustiva de las diversas teorías existentes sobre la hipnosis; nos han demostrado que, aún hoy en día hay muchas interrogantes e incógnitas importantes sin resolver. Pero lo más importante para tener en cuenta es; que se ha demostrado una y otra vez, con cada teoría, que la HIPNOSIS ES REAL. Y que existen amplias áreas de acuerdo en común entre todos los investigadores y teóricos sobre el tema. A modo de conclusión: Podemos reafirmar entonces que el campo de la hipnosis continuará avanzando a través de los estudios científicos y el acoplamiento entre las teorías rivales. Durante este proceso de investigación, el estudio de la hipnosis seguirá enriqueciendo el extenso campo de la Psicología, aportando nuevas percepciones en las dimensiones cognitivas, conductuales y relacionales de la experiencia humana.

*** ~~~ *** ~~~ *** ~~~

CAPÍTULO III: MITOS, LEYENDAS Y ESPECULACIONES ALREDEDOR DE LA HIPNOSIS MODERNA

Bueno campeones y campeonas, hemos llegado a uno de los apartados más importante del marco teórico. Una vez que hemos comprendido el desarrollo del contexto histórico y evolutivo de la hipnosis a través de los siglos, hemos comprendido las múltiples definiciones y teorías de la hipnosis, AHORA es de vital importancia aprendiz, comprender la realidad y los perjuicios detrás de los MITOS, LEYENDAS y ESPECULACIONES ALREDEDOR DE LA HIPNOSIS.

Ya que saber y comprender cuáles son las tergiversaciones más frecuentes alrededor de la hipnosis, nos ayudará a poder eliminar los miedos falsamente infundidos y las inseguridades o desconfianza que existe en la mente de las personas. Ya que, si el miedo está presente en algún grado, sea la persona consciente de ello o no, puede afectar negativamente el proceso de la hipnosis, ya que las personas podrían inconscientemente poner resistencia, y esto es algo que debemos evitar.

Antes de continuar aprendiz, aclararé un poco más el término de HIPNOSIS. Porque como es bien sabido, la PRÁCTICA DE LA HIPNOSIS MODERNA es un arte magistral de excelencia personal y una disciplina extraordinariamente eficaz en las terapias y sesiones hipnóticas; pero sin embargo, ha sido mal interpretada y cuestionada por muchas personas a través de los años, debido principalmente a las malas ideas y conceptos erróneos creados por el uso ritualista y teatralidades de la HIPNOSIS ANTIGUA, así como también la influencia negativa de ciertas películas de Hollywood, revistas de farándula, periódicos críticos, artículos exagerados de personas con desconocimiento sobre el tema, ciertas creencias religiosas, y hasta la práctica de personas inescrupulosas que utilizaron o utilizan la hipnosis de manera inapropiada, anti-ética y antiprofesional.

La idea generalizada y la percepción más frecuente que se tiene de la HIPNOSIS CLÍNICA y especialmente la del ESPECTÁCULO son la completa dominación de la mente, y el control absoluto del hipnotista o hipnoterapeuta hacia otro ser humano; estas ideas son incorrectas y completamente falsas. Que para nada tienen que ver con la hipnosis real.

Como ya lo expliqué anteriormente en el primer capítulo, la palabra "trance", "hipnosis" o "patrones hipnóticos" pueden ser mal interpretadas, y hasta incluso despertar ciertas asociaciones o sentimientos negativos en ciertas personas que desconocen del tema. Cuando en realidad el "Trance", la "HIPNOSIS" y los "Patrones Hipnóticos" son una disciplina y una ciencia psicoterapéutica comprobada a través de los años, y aplicada científica y profesionalmente a través del tiempo por algunos de los especialistas hipnoterapeutas más destacados, influyentes y renombrados de la historia.

Entre ellos, el reconocido el Doctor Milton H. Erickson pionero de la hipnosis clínica moderna, creador de la llamada Hipnosis Ericksoniana o Método Milton (Principios de los cuales ya hemos hablado anteriormente en capítulos posteriores a este).

Entonces; aclarado este punto, podemos recordar como lo hemos venido enseñando en el transcurso de todos los apartados anteriores, que la VERDADERA HIPNOSIS TERAPÉUTICA, es la ciencia que nos permite dirigirnos directamente a la MENTE SUBCONSCIENTE de las personas y poder traspasar el factor crítico de la mente, a través de los procesos hipnóticos "{(guía, instrucción, sugerencias, y sugestiones (inducciones) directas declaradas por el hipnotizador, así como también metáforas, parábolas, alegorías, historias, cuentos, narraciones y lenguaje figurado"}), que permiten a los participantes estimular potencialmente su REALIDAD ALTERNA SUBJETIVA ayudándole a desarrollar respuestas ideo motoras, ideo sensoriales, e ideo-emocionales disminuyendo sus niveles de frecuencias y ondas cerebrales a un ESTADO ALFA / ALPHA de entre 13 a 8 Hz o ciclos por segundo provocando así el habitual "TRANCE LIGERO".

Convirtiéndose todos estos elementos de manera holística, integral y sinérgica en una herramienta completamente eficaz y muy efectiva para conseguir el ESTADO DE TRANCE HIPNÓTICO DESEADO, en la que el individuo entra en un ESTADO ALTERADO DE CONCIENCIA de intensa serenidad tanto física como mental. Amplificado las respuestas psicocognitivas y profundizando las experiencias sugestivas a un estado de "hiper sugestionabilidad", "hiper creatividad", "hiper imaginación", "hiper concentración" e "hiper relajación" que les permite experimentar a los individuos transformaciones personales de un modo mucho más eficaz, efectivo y de manera más sencilla, que si realizara el mismo procedimiento hipnótico en el ESTADO DE ALERTA o ESTADO DE VIGILIA (ONDAS BETA entre 14 a 28 Hz o ciclos por segundo). Y así permitirle al participante ayudarle a superar algún desafío, o adentrarla a un acontecimiento concreto con la finalidad de mejorar en alguna necesidad especifica.

Recordemos aprendiz; que la **MENTE INCONSCIENTE** que poseemos todas las personas, es el lugar donde se almacenan las programaciones neuronales y los mapas mentales de los individuos. Y junto a ellas, también se encuentran los códigos de la ética, así como los valores morales más estrictos de las personas, que les permite vivir según los estándares más elevados centrados en sus principios morales. Es por esta razón, que aun cuando una persona está en un completo estado de trance hipnótico, si se le da una orden que sea contraria a sus principios éticos y valores morales, esta no lo va a aceptar, ya que su mente subconsciente sabe lo que es bueno o no.

Ya que su **MENTE INCONSCIENTE**, se mantiene alerta, y sabe lo que es bueno, y reconoce lo que es malo. ¡Y la mente subconsciente jamás haría algo que valla en contra de su código ético y principios morales! Así mismo pasa, cuando la orden hipnótica va en contra bien sea de sus creencias arraigadas o cualquier otra idea que valla en contra de un acto que atente en la supervivencia del individuo.

NOTA: Claro está, que al igual que cualquier otra disciplina; hay personas que, a través de la práctica, la experiencia y la preparación continua desarrollan ciertas habilidades que van más allá de lo que experimentan las personas promedias, permitiéndoles llevar sus habilidades a un nivel muy superior al normal. DÉJAME DARTE UN EJEMPLO: Tal vez muchas personas o disciplinas practican meditación ¿CIERTO? Pero la preparación y la entrega de un monje budista o monje tibetano le permite llegar a un NIVEL MUY SUPERIOR, de lo que llegaría o llegan las personas promedias. Y esta habilidad adquirida con la práctica, la experiencia y la preparación continua les permite a los monjes budistas o monjes tibetanos llegar a lo que ellos llaman el ESTADO DE ILUMINACIÓN.

En la HIPNOSIS sucede lo mismo. La práctica, la experiencia y la preparación continua les permite a ciertos Hipnotizadores, Hipnotistas, Hipnólogos Clínicos e Hipnoterapeutas, aumentar su CÍRCULO DE POTENCIA y su Nivel de Fuerza o Nivel de Autoridad a un NIVEL SUPERIOR (FP´s) que les permite desarrollar sus habilidades hipnóticas al siguiente nivel, (a otro nivel amigo mío) ¿ME COMPRENDES?

Esto les permite crear órdenes directas e indirectas, inducciones y sugestiones de manera más óptima y efectiva, subiendo paulatinamente en los GRADOS DE HIPNOSIS. Es decir, que logran ascender desde el CÍRCULO DE POTENCIA y su Nivel de Fuerza o Nivel de Autoridad a un NIVEL SUPERIOR FP0 y FP1, hasta FP5 y superiores, lo que les faculta producir ciertos FENÓMENOS HIPNÓTICOS que de otra manera fuera imposible.

Aclarado este punto, ahora quiero compartir con ustedes otra DEFINICIÓN DE HIPNOSIS, para reforzar lo aprendido hasta este punto, y permitir ir adentrándonos más en el tema en cuestión del libro en especial a este capítulo.

La HIPNOSIS como hemos aprendido hasta ahora aprendiz, es un estado mental, estado de trance conocido como estado de "hiper sugestionabilidad", es decir, un amplificador de respuesta o profundizador de las experiencias sugestivas que activa un grupo de actitudes generadas a través de una disciplina llamada hipnotismo.

La hipnosis es entonces un estado de hiper concentración y relajación semejante al sueño metafóricamente hablando que se logra por medio de la SUGESTIÓN y los COMANDOS o PATRONES DE PERSUASIÓN utilizados por el terapeuta o hipnotista. Usualmente se componen estos comandos y patrones persuasivos de una serie de instrucciones verbales, y sugestiones orales que junto con otras técnicas de inducción o conducción verbal produce el FENÓMENO HIPNÓTICO.

Dichas sugestiones o inducciones verbales pueden ser generadas bien sea por un especialista (Hipnoterapeuta) o pueden ser autoinducidas y autogeneradas por la misma persona hacia sí misma a través de la (autosugestión) o (AUTO HIPNOSIS).

El uso de la hipnosis con fines terapéuticos, tal y como se aplica en la PROGRAMACIÓN NEUROLINGÜÍSTICA, y particularmente en este libro se conoce como metamodelo, hipnoterapia, patrones hipnóticos o hipnosis ericksoniana.

Como me referí anteriormente, el desconocimiento del ARTE DE LA HIPNOSIS y la PERSUASIÓN como ciencia comprobada, tiende en ocasiones a confundir a las personas que poco saben de la aplicabilidad de esta metodología en las distintas ramas de la psicoterapia. Trayendo como consecuencia que muchas personas piensen que el HIPNOTIZADOR tiene poderes mágicos increíbles o hasta sobrenaturales, que pueden causarles miedo al momento de ser hipnotizados por un profesional.

El mayor culpable de estos MITOS, como ya me he referido antes, es la cultura popular donde el Hipnotizador es visto muchas veces como un mago que tiene poderes supremos, capaces de adueñarse de las mentes débiles de las personas, y todo esto, está muy alejado de la verdad. Es decir que es un MITO, una creencia infundada y una idea contraria a la verdad.

Por tal razón, **CONOCER LOS MITOS** que rodean a la HIPNOSIS es importante, ya que nos ayudara a la hora de romper esas barreras mentales limitantes y pensamientos auto saboteadores que tiene la gente cuando se le habla de HIPNOSIS, hipnotismo o el trance hipnótico.

Bueno campeones y campeonas para aprender más de este maravilloso arte, vamos a conocer los MITOS más populares que rodean a la HIPNOSIS en sus muchas variantes, así que sin más preámbulo comencemos.

MITO Nº 1. Los Hipnotizadores Tienen Poderes Mágicos, Místicos Y Especiales.

Esta primera afirmación es completamente falsa. Ya que la práctica de la HIPNOSIS una vez que conoces sus principios es "Muy Sencilla Aprenderla", tan sencilla que cualquier persona que se lo disponga, la estudie y la practique cuidadosamente la puede llegar a desarrollar. Esto es algo que SABE todo Hipnotizador Experto; y es por esta razón, que hay algunos Hipnotizadores (Hipnotistas de Espectáculos o Hipnólogos Clínicos) que le dan a la HIPNOSIS un aire de "MISTERIO" o "PROFESIONALISMO" e intentan convencer a la gente (participantes o pacientes) de que la hipnosis es algo muy "DIFÍCIL" que sólo unos pocos que tienen el "Don Mágico o Poder Especial" o los "Estudios o la Titulación Universitaria" son los únicos facultados para lograr conseguir esos FENÓMENOS HIPNÓTICOS en los individuos (participantes o pacientes) que participan en sus sesiones. REAFIRMO "ESTE MITO ES FALSO". Ya que en realidad no es el DON ni la TITULACIÓN lo que te hace un excelente hipnotista, sino la preparación, la disciplina, la práctica constante y los conocimientos de las diferentes técnicas y metodologías, que, junto a la participación consciente, proactiva, voluntaria y participativa de las personas, son finalmente los pilares claves que te permitirán desarrollar profesionalmente esta disciplina en cualquier de los dos campos mencionado.

¿ENTONCES PORQUE TODA ESTA CONFUSIÓN? Déjenme compartirles algunos ejemplos en ambos casos, para que comprendan la raíz que ha sido la causante de la aparición y popularización de este MITO: Para comenzar, les confieso que yo personalmente he conocido a muchos Hipnotizadores (Hipnotistas de Espectáculos) colegas míos, que rodean el arte de la HIPNOSIS de un aire de "ocultismo", "secretismo" y "misterio" para que la gente "normal" en el escenario No Vea en que consiste realmente el procedimiento hipnótico". Porque si lo vieran, muchos de esos (Hipnólogos de teatro o Hipnotistas de Espectáculos) "perderían su poder sobrenatural". Así es que el Hipnotizador Profesional, afirma sabia y categóricamente que es el "PODER DE SU MENTE" la que permite HIPNOTIZAR a la otra persona, y que sólo unos pocos privilegiados, aquellos que nacemos con este supuesto "DON", somos los únicos capaces de hipnotizar... (Les revelo algo, yo entiendo por qué lo hacen. Es parte del show, el crear en el escenario esa incertidumbre y generar en las personas esas expectativas aumenta los niveles de hiper sugestionabilidad, ya que estas creencias psicológicamente ayudan a los participantes a estar más receptivos a las inducciones y sugestiones del hipnotista. Lo que permite crear esos espectaculares fenómenos hipnóticos que tanto sorprenden a la gente... ¿Y porque lo sé? ... Porque yo mismo, mis apreciados lectores, en mis inicios en este ARTE HIPNÓTICO también realizaba exhibiciones de hipnosis callejera y show de hipnosis de teatros y espectáculos, lo que me permitió comprobar y entender por mí mismo, cómo estos MITOS, junto a ciertas estrategias publicitarias, me daban tan excelente resultado en la mente del espectador.

El primer ejemplo, por una parte; por otra parte, también he tenido la oportunidad de conocer y compartir con otros colegas míos (Hipnólogos Clínicos), aquellos que trabajan como Médicos Profesionales o Hipnoterapeutas, que aún hoy día, todavía rodean su trabajo médico-científico de ciertas "barreras psicológicas" para que los pacientes normales o personas comunes y corrientes no "adquieran estas técnicas terapéuticas" irresponsablemente. En esta ocasión, esas "barreras psicológicas" creadas eran la necesidad de estudiar supuestamente esos "libros muy gordos y las enciclopedias" llenas de teoría sobre los "conceptos más complejos de la hipnosis" que, en vez de animar a los nuevos participantes, les crean más incertidumbres que respuestas. Otras de las "barreras psicológicas" son los "TÍTULOS UNIVERSITARIOS", y la "Necesidad de estar Colegiado como algún tipo de Médico especializado para poder Ejercer - (claro está, que estos dos últimos puntos son de vital importante si realizas terapias a nivel profesional)", pero no necesaria para practicar la hipnosis de espectáculos, la AUTO HIPNOSIS o la AUTOSUGESTIÓN.

Ahora analicemos un poco este segundo ejemplo y entendamos por qué colocar estas "barreras psicológicas". Este principio es lógico comprenderlo, es decir, que es fácil entender por qué razón los médicos y especialistas alimentan este MITO. Ya que este "celo profesional" es lo permite mantener a las HIPNOSIS TERAPÉUTICA alejada de las personas inescrupulosas, personas antiéticas y antiprofesionales que pudieran ejercer este arte o disciplina sin la previa preparación adecuada o sin los estudios universitarios o titulación requeridos para tal fin. Recordemos que la HIPNOSIS CLÍNICA debe ser estudiada profesionalmente, es decir que se debe recibir una colegiatura o título certificado universitario para poder ejercerla terapéutica, profesional y éticamente.

NOTA: Cabe destacar, que, aunque cada uno de los puntos o ejemplos antes mencionados son imprescindibles y de vital importancia comprender a la hora de efectuar un show hipnótico de espectáculo o ejercer la hipnosis clínica terapéuticamente. En realidad, no existe ningún tipo de poder especial o mágico en ninguna de las dos especialidades. Es más, si hablamos de algo especial o mágico en la hipnosis de espectáculo o en la hipnosis clínica, es el DON mismo de la persona para ser Hipnotizable. Que es, repito y reitero nuevamente, es este DON, la habilidad de poder ser hipnotizado, y esta cualidad maravillosa la tienen las personas mismas que reciben las sugestiones verbales o las inducciones hipnóticas por parte del Hipnotista o el hipnoterapeuta. Ya que nosotros los Hipnotizadores Profesionales simplemente somos un guía que dirige la experiencia hipnótica de las personas a través de las herramientas y metodologías adecuadas para generar el estado de trance hipnótico deseado.

MITO Nº 2. Solo Unos Pocos Elegidos Son Hipnotizables.

¡Este segundo MITO también es totalmente falso! ¿Por qué? Porque toda persona es hipnotizable en menor o mayor grado, dependiendo de la predisposición, la voluntad y la influencia ejercida que se tenga en el sujeto en cuestión (Te voy a compartir algunas ideas, la primera de ella es que tenemos más inclinación de dejarnos persuadir por personas de autoridad en la que confiamos. POR EJEMPLO, Un niño es más influenciable por su madre, así como el paciente lo es de su doctor). Simplemente lo que sucede es que para algunas personas es más sencillo o más rápido o más sugestionables ser hipnotizados (programados) que para otros. TE EXPLICO PORQUE... El Trance Hipnótico es un estado natural del cuerpo, que de hecho sucede todos los días, a cada momento y de varias maneras o formas en nuestro diario vivir, solo que no nos damos cuenta de ello conscientemente.

(Por ejemplo siguiendo el ejemplo anterior, el niño es hipnotizado por su madre cuando está la orienta, lo guía y lo dirige en su desarrollo "Si la madre le programa principios y valores desde su niñez a su hijo cuando le dice que él es un buen muchacho, lo que está haciendo es programándolo {hipnotizándolo} para que el joven lo crea y a media que valla creciendo tenga estas enseñanza fuertemente arraigada en su mente subconsciente, en su forma de pensar, sentir y actuar" lo mismo sucede en el caso contrario; IMAGÍNATE lo que sucedería si en vez de enseñarles principios y valores a los hijos, los padres, como sucede lamentablemente en algunos hogares decretaran sobre sus hijos que son unos perdedores, fracasados e inútiles, estos niños a medida que van creciendo escuchando estas cosas comienzan a ser programados {hipnotizados} creando esta realizad subjetiva que le implantaron cuando niño, cuando en realidad esas palabras solo eran una forma de reproche, pero que al declararlas el niño se las cree y comienza a vivir bajo esa FALSA CREENCIA...

¿ESO ES HIPNOSIS? Claro que sí lo es) ...

Tengamos presente que la HIPNOSIS es un proceso psicológico tan natural de todo ser humano, que tal vez TU YA HAS ENTRADO EN TRANCE HIPNÓTICO MUCHAS VECES una y otra vez; en tu niñez o juventud, sin ni siquiera haberte dado cuenta de ella. O tal vez, aún ahora mismo, tú puede ser que estés hipnotizado (programándote positivamente estas enseñanzas) a medida que vas leyendo atentamente este capítulo. (Para continuar y retomar con el tema, permíteme compartirte otra idea; siguiendo con el ejemplo anterior del doctor y el paciente. "Cada vez que el médico le receta un medicamento (tratamiento) a su paciente y le dice que, con él, este va a mejorar su salud; lo predispone (programa o hipnotiza) para que así sea. Pero también está el caso contrario, IMAGÍNATE que sucedería si el doctor cometiera un error de prescripción y por descuido o negligencia como también ha pasado, le comunica al paciente que su enfermedad es grabe y que no va a mejorar, este doctor sin querer está programándolo {hipnotizándolo} para que el paciente lo crea y responda ante esa situación, aunque haya sido solo un error de diagnóstico" ... ¿ES ESTO HIPNOSIS? Claro que sí lo es y por cierto muy común.

Recuerden que la HIPNOSIS es una habilidad o capacidad natural que hemos desarrollado en el transcurso de nuestra vida, lo que nos hace más sugestionables {hipnotizables} en todo momento y en muchas ocasiones, seamos conscientes de ellas o no... DÉJAME DARTE ALGUNOS OTROS EJEMPLOS: Esta misma situación de HIPNOSIS o "ESTADO ALTERADO DE CONCIENCIA" o ESTADO HIPNÓTICO INVOLUNTARIO sucede y se repite muy regularmente en nuestro diario vivir POR EJEMPLO: Cuando vemos una buena película, y nos adentramos tanto en las historia y en el argumento de la misma, que sin darnos cuenta de ello la película termina por sumergirnos tanto en el trama; de tal manera, que quedamos literalmente HIPNOTIZADOS por el film, que comenzamos a recrear en nuestra mente las mismas sensaciones, vivencias, situaciones, acontecimientos, pensamientos, sentimientos, ideales y hasta los estados emocionales de los protagonistas; a tal punto, que experimentamos en ese momento sus mismas emociones, bien sean estas de miedo, terror, suspenso, drama, dolor, tristeza, alegría, felicidad, amor, pasión, excitación, sensualidad y hasta deseo. Con una intensidad tal, como si fuéramos nosotros los protagonistas de la película ¿ESO ES HIPNOSIS? Claro que sí).

OTRO BUEN EJEMPLO PODRÍA SER Cuando alguien nos cuenta una historia fascinante, o nos relata un acontecimiento o situación que haya vivido una persona, y lo describe con tal intensidad, pasión y emoción, que nosotros que lo escuchamos comenzamos a ser capaces de imaginar vívidamente esas mismos emociones o circunstancias narradas en la situación, y a recrear en nuestra poderosa mente subconsciente cada acontecimiento de la narración como si lo estuviéramos viviendo y experimentando personalmente nosotros mismos en ese preciso momento. Es decir, [En ese instante, la persona que escucha atentamente la historia queda tan absorto en el relato, que entra en un estado de trance ALFA o "ESTADOS ALTERADOS DE CONCIENCIA" sin siquiera darse cuenta o percatase de ello]. Ahora pregunto ¿ES ESTO HIPNOSIS? Claro que sí lo es también. ¿Cierto?

En fin, mis apreciados lectores, como pudimos apreciar en los ejemplos anteriores, comprobamos como a cada instante, en todo momento y en cada lugar o circunstancia que vivimos, generamos una gran cantidad de situaciones MULTI-SENSORIALES que nos producen o generan una RESPUESTA INCONSCIENTE EN NUESTRO ORGANISMO y que en HIPNOSIS lo llamamos ESTADO ALTERADO DE CONSCIENCIA o ESTADO DE TRANCE HIPNÓTICO INVOLUNTARIO. Y todos estos estímulos MULTI-SENSORIALES suceden dentro de nosotros internamente, sin siquiera darnos cuenta de ellos. Lo único que ocurre, es que tú aun no te habías dado cuenta de esta realidad; es decir, que no sabías que poseías esas destrezas y cualidades hipnóticas desde siempre; y por esa razón, HASTA ESTE MOMENTO no habías caído en cuenta de este poder innato de la mente conscientemente que tienes a tu favor.

En resumen, el MITO Nº 2. Solo Unos Pocos Elegidos Son Hipnotizables Es total y completamente falso. Ya que como demostramos todas las personas son y pueden ser HIPNOTIZABLES de una u otra manera; y todas las personas han entrado en una especie de ESTADO ALTERADO DE CONSCIENCIA o ESTADO DE TRANCE HIPNÓTICO INVOLUNTARIO en menor o mayor grado; consciente e inconscientemente nos hayamos dado dé cuenta de ello o no.

TENGAN SIEMPRE PRESENTE QUE: SI se puede aprender a HIPNOTIZAR, a cualquier persona, en cualquier momento y en cualquier lugar. El asunto no es, si entrara en HIPNOSIS, la cuestión es, cuando entrara. Ya que toda persona es HIPNOTIZABLE si se sabe el "COMO" y al "QUE" responde.

MITO Nº 3. Solo Las Personas Con Poca Voluntad Pueden Ser Hipnotizables O Solo Se Pueden Hipnotizar Las Personas De Mente Débil.

Cuestionemos este falso MITO… Hasta la siguiente pregunta ¿Has pensado alguna vez en la cantidad de personas que utilizan la AUTO HIPNOSIS, las Sugestiones Positivas o El Poder de su Mente como medio para mejorarse o superarse a ellos mismos? De hecho, se ha demostrado y comprobado científicamente una y otra vez, que las personas más creativas, intuitivas, llenas de imaginación y confiadas en sí mismas entran en ESTADOS DE TRANCE HIPNÓTICO mucho más rápido, de forma más efectiva y de manera más potente que aquellos individuos que tienen dudas o falta de creatividad e imaginación. Ya que repito, se ha demostrado y comprobado científicamente que una mente abierta y una actitud positiva es mucho más poderosa, intuitiva e ingeniosa, que se abre a un sinfín de probabilidades ilimitadas mucho mayores y extraordinarias, que la de las personas promedio.

Es decir, campeones y campeonas, que las personas que entran en un estado de trance hipnótico no son de mente débil en ningún sentido; al contrario, se puede decir, que las personas que entran en HIPNOSIS son de mente más abiertas, receptivas, dispuestas e ingeniosas. En otras palabras, que son más susceptibles (aptos, capaces, dispuestos, hábiles) y receptivas al estado de trance hipnótico. Es decir, que son personas más sensibles y prestas a las sugestiones e inducciones del hipnotista. Y esta cualidad tan extraordinariamente maravillosa mis apreciados lectores es una habilidad, don natural o talento innato. Más que un defecto, es una capacidad de concentración que todos debiéramos querer desarrollar.

En resumen, el MITO Nº 3. SOLO LAS PERSONAS CON POCA VOLUNTAD PUEDEN SER HIPNOTIZABLES O SOLO SE PUEDEN HIPNOTIZAR LAS PERSONAS DE MENTE DÉBIL. Es completa y totalmente falso…

MITO Nº 4. Bajo Hipnosis Somos Totalmente Vulnerables.

Desmintamos este otro falso MITO… La HIPNOSIS nunca ha sido, ni jamás será una situación vulnerable en la que perdamos el control absoluto bajo la influencia del hipnotista, como muchas personas erróneamente creen. Ya que tenemos que recordar cómo he enfatizado en apartados anteriores que aun estando bajo un Estado Profundo de TRANCE HIPNÓTICO, nuestra consciencia siempre queda activa y conservamos latentes nuestros VALORES MORALES y nuestros

PRINCIPIOS ÉTICOS más elevados. Por lo que nadie, ni nada nos puede inducir a realizar acciones, decir algo o hacer nada para lo que no le hayamos dado nuestra aprobación y autorización previa; ya que todo lo que se puede realizar a través de la HIPNOSIS CLÍNICA o HIPNOSIS DE ESPECTÁCULO es solo y únicamente con el consentimiento voluntario y participativo de la persona en cuestión. Lo único que se puede conseguir a través de la Hipnosis, es que nosotros hagamos SI ASÍ LO QUEREMOS y si ASÍ LO ELEGIMOS; es hacer, sentir, pensar o actuar en la forma en la que el hipnotista de teatro, el hipnotizador de espectáculos, el hipnólogo clínico o lo que hipnoterapeuta especialista nos sugiere. Siempre y cuando nosotros accedamos a ello voluntariamente, sobre todo si sabemos que es bueno y útil para nosotros.

Recordemos que la MENTE SUBCONSCIENTE que poseemos todas las personas, es el lugar donde se almacenan nuestras programaciones neuronales y junto a ellas, también se encuentran los códigos de la ética, así como los valores morales más estrictos de las personas; que les permite vivir según los estándares más elevados centrados en sus principios morales. Es por esta razón, mis apreciados lectores, que aun cuando una persona esté bajo un completo estado de trance hipnótico, si se le diera una orden que sea contraria a sus principios éticos y valores morales, esta nunca accedería a ella y jamás podría aceptarla, ya que su mente subconsciente sabe lo que es bueno o no para nosotros.

Hay que tener siempre presente que nuestra MENTE INCONSCIENTE se mantiene alerta a cada instante de nuestra vida, y ella sabe lo que es bueno para nosotros, y reconoce de inmediato lo que es malo. ¡Y la mente subconsciente jamás haría algo que valla en contra de su código ético y principios morales!... Así mismo sucede, cuando una orden hipnótica va en contra bien sea de nuestras creencias más arraigadas o cualquier otro ideal que tengamos, si la orden es contraria a estos estándares elevados que tenemos registrados la MENTE SUBCONSCIENTE se activa en modo de alerta, rechazando la orden automáticamente, ya que esta nunca permitirá hacer o realizar un acto que atente en la supervivencia del individuo.

En resumen, el MITO Nº 4. BAJO HIPNOSIS SOMOS TOTALMENTE VULNERABLES es completa y totalmente falsa. Porque como ya hemos aclarado en varias ocasiones, bajo ningún trance hipnótico no vas a hacer nada que no quieras hacer, ¿PORQUE TE PREGUNTARAS? Bueno la razón es porque aún en estado de hipnosis profunda, que como ya sabes vas a estar siempre consciente en todo momento de la INDUCCIÓN, lo que te permitirá escuchar y seguir las instrucciones, sugerencias y sugestiones directas declaradas por el hipnotista, hipnotizador, hipnólogo clínico o hipnoterapeuta Ya que nosotros somos simplemente un guía que dirige la experiencia hipnótica de las personas a través de las herramientas y las metodologías adecuadas para generar el estado de trance hipnótico deseado.

MITO Nº 5. Me Puedo Quedar Dormido Para Siempre.

Desmintamos este MITO de una vez por todas. Tengamos presente que, aunque el término HIPNOSIS provenga del término griego (Hypnos) que signifique sueño, el estado real que se experimenta en un trance hipnótico, es más similar a un estado de relajación o meditación en el que siempre somos conscientes en todo momento de lo que pasa a nuestro alrededor. ¿ENTONCES PORQUE EXISTE ESTE MIEDO DE QUEDARNOS DORMIDOS? Déjame explicarte brevemente...

La HIPNO-SIS al provenir del vocablo griego (Hypnos) que significa sueño, se le asocia simbólica y metafóricamente al adormecimiento, al sueño o al letargo, Pero recordemos que la expresión HIPNOSIS, solo es una referencia alegórica de la MITOLOGÍA GRIEGA (Hypnos) y a las PRÁCTICAS EGIPCIAS ANTIGUAS que se asocian a (Los Templos del Sueño Egipcios) que se practicaban en la antigüedad. Eso quiere decir, que, en la práctica real, la HIPNOSIS MODERNA no tiene nada que ver con el acto de "DORMIRSE, SOÑAR o ADORMECERSE" literalmente.

Como ya se ha comprobado científicamente la HIPNOSIS es "Un estado fisiológico normal del ser humano, donde se producen ciertos fenómenos fisiológicos semejantes al sueño REM, que al activarse por medio de las sugestiones e inducciones hipnóticas declaradas por el (hipnotista, hipnotizador, hipnólogo clínico o hipnoterapeuta), permite la aparición de respuestas ideo motoras, ideo sensoriales, e ideo-emocionales, pero el sujeto en cuestión siempre se mantiene despierto y alerta en todo momento, solo que en un estado de relajación, meditación y concentración mucho más elevado que el estado de vigilia.

Aunque es verdad que ciertas funciones del estado REM del sueño entra en juego en los procesos hipnóticos, es importante resaltar como ya hemos aclarado anteriormente que el ESTADO DE TRANCE HIPNÓTICO es muy diferente al SUEÑO FISIOLÓGICO normal que conocemos como el acto de (DORMIR)". Ya que repito, en ningún momento del procedimiento, las personas en el estado de trance hipnótico caen en algo como un sueño profundo, ni mucho menos se duermen literalmente.

MITO Nº 6 Puede La Hipnosis Afectar Mentalmente De Una Manera Negativa O ¿Puede La Hipnosis Ser Peligrosa En Ocasiones?

Este MITO es uno de los más interesantes; por tal razón, lo deje en último lugar para explicarlo claramente y comprender equilibradamente lo favorable y desfavorable, lo negativo o positivo y la realidad o ficción de este MITO. Para comenzar podemos afirmar categóricamente que el acto hipnótico no es peligroso en sí mismo. La experiencia a través de los años, y los cientos de estudios médicos científicos nos demuestran decisivamente que no se puede hacer que un individuo (Paciente o Participante) bajo el ESTADO DE HIPNOSIS adopte un comportamiento contrario a su ética moral, sus principios y valores, creencias religiosas, buenas costumbres, ideales o cualquier otro pensamiento, sentimientos o acciones que atente contra dignidad o ponga su vida en riesgo o en peligro. Tengamos en cuenta que el (hipnotista callejero, el hipnotizador de espectáculo, el hipnólogo clínico o el hipnoterapeuta especialista) solo tiene el control y el poder que el inconsciente y subconsciente del mismo sujeto le entregue voluntaria y conscientemente.

Si por EJEMPLO un hipnotista callejero en una de sus presentaciones de calle logra hacer que uno de sus participantes se pegue sus dedos, manos o pies, es porque el mismo participante accedió a las sugestiones libremente, al comprender que estos fenómenos hipnóticos muy populares en este tipo de presentaciones se llevan a cabo gracias a la participación voluntaria de la persona en sí misma, que al saber que solo es parte de una especie de juego mental permite dejarse llevar por la experiencia trayendo como resultado lograr favorablemente el fenómeno hipnótico deseado. De igual manera, si un hipnotizador de espectáculo consigue que un sujeto del público se comporte como un perro, un gato o cualquier otro animal, es porque el sujeto en cuestión sabe intuitiva e inconscientemente que se trata de un juego en la cual él es el protagonista; en otras palabras, el sujeto acepta las sugestiones e inducciones del HIPNOTIZADOR porque sabe y comprende en su interior que es parte del show de espectáculo hipnótico que está experimentando y que él es parte del mismo.

Lo que, si hay que tener en cuenta, y lo enfatizo por lo importante que es. Es que ningún hipnotista callejero o hipnotizador de espectáculo deben por ninguna razón, motivo o circunstancia realizar diagnósticos o tratar enfermedades sin tener conocimiento previo y estar autorizado para tal fin, ya que esto es única y exclusivamente para los hipnólogos clínicos e hipnoterapeutas especializados que están facultados y titulados para realizar este tipo de terapias y procedimientos. Es importante destacar en este punto, que todo diagnostico o tratamiento solo debe ser realizado por personas especializadas en ese tema tales como lo son, los psiquiatras, doctores, psicólogos e hipnoterapeutas. Ni los coach ni los trainer en PNL están facultados en diagnosticar o tratar enfermedades al menos que estén debidamente titulados y facultados para ello, de lo contrario deberían abstenerse de estas prácticas.

MITO Nº 7 Siempre podemos recordar todas nuestras experiencias y realizar REGRESIONES al pasado cuando estamos Hipnotizados.

Antes de explicar este MITO es importante aclarar que dentro del campo de la hipnosis existen ciertas disciplinas y especialistas encargados de realizar estos fenómenos hipnóticos llamados REGRESIONES (Que son la capacidad de producir en el sujeto (paciente o participante) la oportunidad de "Experimentar Vivencias del Pasado" y estimular la memoria junto a sus recuerdos almacenados en su mente subconsciente, para traerlos al presentes con un propósito específico y un objetivo determinado previamente establecido entre la persona y el HIPNOTIZADOR).

Teniendo esta idea en cuenta; es de vital importancia tener claro, que en ciertas ocasiones el HIPNÓLOGO o HIPNOTISTA ESPECIALISTA EN REGRESIONES si puede llevarnos a través de una sesión de hipnosis; atrás en el tiempo, para así encontrar algún detalle de interés en nuestro pasado, y traerlo al presente. Es decir; al AQUÍ y al AHORA. Y esto sucede, mayormente porque el HIPNOTERAPEUTA ha sido capaz de llegar a los fragmentos resguardados o capas más profundas de nuestra mente subconsciente donde reside la memoria. Que es el banco donde se encuentra los pensamientos y los recuerdos almacenados que nosotros ya hemos olvidado. Y lo que hace específicamente el hipnotizador, es volver esas memorias, pensamientos o recuerdos del pasado al presente; permitiendo revivirlos, recordarlos, acceder a ellos y experimentarlos nuevamente en forma de memorias, pensamientos o recuerdos más presentes. Y así trabajar, en favor de ello, para lograr un propósito u objetivo previamente establecido entre las partes.

En este sentido, la HIPNOSIS si puede ayudarnos a recordar ciertas experiencias del pasado cuando estamos hipnotizados y traerlas al presente con un propósito específico. PERO LO QUE NO PUEDE HACER LA HIPNOSIS es llevarnos a revivir una vida pasada o recordar acontecimientos, hechos y situaciones que en realidad no hayan ocurrido.

A MODO DE RECAPITULACIÓN: Aprendices; el estado hipnótico no entraña ningún riesgo, puesto que la HIPNOSIS es un estado natural de todo ser humano. Si existiera alguna posibilidad de peligro en algún momento; esto sólo podría ser casado, sin querer, por medio de la práctica desautorizada, negligente e incompetente por parte de un Hipnotista, Hipnotizador, Hipnólogo e Hipnoterapeuta; que ejerza la profesión sin los conocimientos previos necesarios de lo que hace, o sin la titulación universitaria superior requerida, si así fuera el caso.

Riesgos Psicológicos: Aprendiz; si no eres psiquiatra, psicólogo o hipnoterapeuta titulado, colegiado y certificado y careces de información sobre el pasado de la persona (puedes acentuar un desequilibrio, pero no provocarlo.) (También puedes proporcionarle un pretexto para que caiga en un desequilibrio latente).

Por este motivo, no es conveniente practicar la hipnosis clínica sin antes: Haber mantenido una entrevista previa con el sujeto, haber realizado el informe médico, leer y rellenar el guion terapéutico con el paciente, llenar y revisar el contrato o acuerdo Post Hipnótico para tener presente las metas que se quieren lograr con la sesión, profundizar el motivo de la consulta o sesión, hacer preguntas al sujeto para localizar posibles problemas psicológicos y fisiológicos si los hubiera, detectar miedos, traumas, fobias, expectativas, deseos e intereses, etc. Sobre todo, asegúrate siempre de primero contar con los suficientes conocimientos previos necesarios y la titulación universitaria superior requerida para ejercer ética y profesionalmente.

EN CONCLUSIÓN: No existe ningún peligro intrínseco en la hipnosis, sino ligeros riesgos ligados en la gran mayoría a la (incompetencia, ineptitud, inexperiencia o incapacidad) del hipnotista, hipnotizador, hipnólogo clínico o hipnoterapeuta). Por tal razón, todo riesgo puede evitarse con una simple entrevista o guion terapéutico con el sujeto (paciente) o realizar una breve charla pre hipnótica con el (participante) tratando de esta manera, recoger la mayor cantidad de hechos o acontecimientos importantes en la vida de la persona, comenzando desde lo más general a lo más específico. Así nos evitaríamos esos ligeros riesgos; que claro está, si se pueden cometer; como sucede en toda otra especialidad, carrera o disciplina.

¿Entiendes lo que te digo? Al hacer todo esto mi aprendiz, no solo podrás prevenir con tiempo algún inconveniente, sino que sobre todo te podrás adelantarte y cubrir cualquier expectativa, posicionándote como un experto y especialista en la materia; consolidar tu IMAGEN como Hipnotista, Hipnotizador, Hipnólogo o Hipnoterapeuta. Está claro, que al tener un perfil de la personal en cuestión con quien vas a trabajar, vas a tener más ventajas, que si no cumplieras con todos estos procedimientos iniciales ¿Me doy a entender?

Estás de acuerdo aprendiz, que, al tener más información, mayores probabilidades de éxitos tendrás en realizar tus sesiones de hipnosis clínica terapéuticas y más probabilidades de éxitos tendrás al realizar tus shows de hipnosis callejeras o de espectáculo. ¿Estás claro en esto verdad? RECUERDA QUE: Un buen profesional siempre trata de recoger la mayor cantidad de hechos, información o acontecimientos importantes en la vida de la persona en cuestión, y lo debe hacer, desde lo más general a lo más específico.

Bueno APRENDICES, ¡Hemos Finalizado con el Tercer Capítulo! Donde aprendimos sobre los MITOS, LEYENDAS y ESPECULACIONES ALREDEDOR DE LA HIPNOSIS moderna. Ya has avanzado bastante, espero estés aprendiendo mucho "Y solo es el comienzo, de este gran libro sobre hipnosis" Recuerda "Si tienes alguna pregunta, puedes "Escribirme directamente a mi Correo Electrónico".

Bueno "aprendiz y apreciado lector" quiero agradecerte por haber adquirido este libro que escribí especialmente para ti; me alegra, poder ser tu mentor y maestro en este gran arte magistral de la HIPNOSIS. La prueba final de este libro "El Poder de la HIPNOSIS" será que habrás aprendido a dominar los principios esenciales para generar un Estado de Trance Hipnótico dirigido por Hipnosis.

(Ya compartiré más información con ustedes, más adelante) Te comento, algo muy personal, sabes a mí personalmente, me encanta enseñar HIPNOSIS, es una de mis más grandes pasiones. Pero también hacer y poder realizar todas las cosas extraordinarias que se pueden lograr a través de la HIPNOSIS, como lo son los Sueños Lúcidos, los Viajes Astrales, las Experiencias Extracorporales y los Fenómenos Hipnóticos entre otras cosas. Que al principio te pueden parecer algo difícil, complicado o hasta increíbles; bueno sí, es cierto, un poco, pero solo al principio jeje =) "sabemos que todo inicio es así". Pero te aseguro, que ustedes también podrán dominar este arte hipnótico completamente, porque pienso enseñarte cómo hacerlo, y cuando empieces a vivir tus propias experiencias será muy curioso e interesante para ti, ya verás _ Bueno ¡Espero tener pronto noticia tuya!...

MásterCoach.YlichTarazona@gmail.com

https://www.mastercoachylichtarazona.com/

CAPÍTULO IV: PRINCIPIOS ESENCIALES PARA COMENZAR A UTILIZAR LA HIPNOSIS

Felicidades campeones y campeonas, hemos llegado a la parte práctica, a partir desde ahora profundizaremos lo que necesitas aprender para convertirte en un excelente HIPNOTIZADOR. Hasta ahora, hemos estudiado el desarrollo del contexto histórico y evolutivo de la hipnosis a través de los siglos, hemos comprendido las múltiples definiciones y teorías que existen sobre la hipnosis, aprendimos sobre la importancia de comprender la realidad y los perjuicios detrás de los mitos, leyendas y especulaciones alrededor de la hipnosis. Ahora estudiaremos los PRINCIPIOS ESENCIALES PARA COMENZAR A UTILIZAR LA HIPNOSIS DE FORMA PROFESIONAL tanto en el ámbito de la Hipnosis Callejera y de Espectáculo, así como la Hipnosis Clínica y Terapéutica.

Para comenzar a practicar todas las TÉCNICAS DE HIPNOSIS, los PATRONES SUGESTIVOS, las INDUCCIONES y los COMANDOS HIPNÓTICOS que estarás aprendiendo a continuación, te recomiendo que comiences a practicar con pequeños grupos de entre 3 o 6 personas a medida que vallas aprendiendo cada técnica. Al principio se recomiendan que las personas con quienes decidas iniciar tus prácticas sean conocidas, y con las cuales te sientas a gusto al compartir estas nuevas habilidades que estas adquiriendo.

La intención de practicar con pequeños grupos de entre 3 o 6 personas, es que puedas recibir retroalimentación positiva; es decir, Feedback efectivo, con el propósito de mejorar tus TÉCNICAS y metodologías hipnóticas cada día, al mismo tiempo que vas incorporando subsiguientemente los patrones sugestivos, las inducciones y los comandos hipnóticos a tu repertorio, bien sea a tus sesiones de hipnosis clínica y terapéuticas o en tus shows de hipnosis callejera y de espectáculo.

Después de cada práctica de los ejercicios repetidas veces con las personas que hayas elegido para iniciar tu periodo de formación, es importante que vallas evaluando tu progreso a través de tus propias observaciones, así como el Feedback efectivo o retroalimentación positiva que recibas de tus colaboradores.

Una vez que ya poseas cierto dominio de las diferentes TÉCNICAS HIPNÓTICAS, es recomendable que comiences a ponerlas en práctica y a tomar acción inmediatamente con personas reales en diferentes contextos o situaciones. Ya que esto te permitirá ir desarrollando las experiencias necesarias y las habilidades hipnóticas que te llevaran a convertirte en el excelente hipnotizador que quieres y puedes llegar a ser.

Recuerda aplicar siempre en tus sesiones de hipnosis clínica o terapéutica, o en tus eventos de show de hipnosis callejera o de espectáculo la mayor cantidad de técnicas posible que recuerdes, ya que esta es la única forma en la que iras desarrollando experiencias y profesionalismo en el domino competente de es este maravilloso arte supremo de la HIPNOSIS.

Recomendaciones para tener en cuenta en cada Sesión de HIPNOSIS:

- **MANTENER**: Todas las técnicas y metodologías que has realizado bien, y seguir aplicándolas en las subsiguientes oportunidades que se te presenten. Recuerda que la práctica y la repetición constante es la madre de la enseñanza. Una de las maneras que tenemos para ir perfeccionando nuestras técnicas y metodologías es la evaluación periódica de nuestras acciones en cada práctica, sesión de hipnosis o evento de show de espectáculo. Ya que cada vez que nos evaluamos, nos permite interiorizar el MODELO que hemos utilizado para poder repetir los mismos resultados con mayor excelencia la próxima vez que realicemos la misma técnica.

- **ACTIVAR**: Todo aquello que podrías a ver echo, y que no realizaste en la sesión o evento anterior. Es importante que cada vez que realices una sesión de hipnosis clínica o un show hipnótico de espectáculo, evalúes posteriormente lo que hiciste bien, y lo que probablemente pudiste haber hecho mejor. Ya que esto te permitirá interiorizar y profundizar en tu mente subconsciente la técnica que hayas utilizado; permitiéndote de esta forma, ir agregando a tu repertorio aquello que tal vez hayas omitido, pero que, si lo hubieras realizado o lo hubieras intentado, te fuera ayudado efectuar la técnica con mayor efectividad y eficacia posible.

- **DESACTIVAR**: Todo aquello que hiciste en el ejercicio, la práctica, en la sesión de hipnosis clínicas o show de hipnosis de espectáculo que no debías haber hecho. Como en los pasos anteriores, este punto te ayudara a evaluar lo que hiciste en una determinada sesión terapéutica o evento de hipnosis, que no deberías haber realizado, o que pudiste haber omitido. El propósito de este parte del ejercicio es que una vez te hayas evaluado equitativamente, y hayas identificado aquellos puntos que no debiste haber introducido en tus sesiones o show; te permita posteriormente ir eliminando todo aquello que sea innecesario o excedente en la práctica real en la aplicación futura de los ejercicios de hipnosis con una persona.

Este ejercicio o proceso de tres pasos [MANTENER - ACTIVAR y DESACTIVAR] te servirá para ir perfeccionando poco a poco tus HABILIDADES HIPNÓTICAS y persuasivas. Al mismo tiempo que te permitirá observar cómo responden las diferentes personas bien seas estos (pacientes o participantes), ante las sugestiones verbales persuasivas o inducciones orales hipnóticas que les trasmites y les comunicas para generar el estado de trance hipnótico deseado en cada contexto o situación en el que realizas la hipnosis.

Principios para tener en cuenta antes de comenzar una SESIÓN DE HIPNOSIS CLÍNICA o un SHOW DE HIPNOSIS DE ESPECTÁCULO.

Antes de comenzar a HIPNOTIZAR a una persona, debemos primero comenzar a realizar una serie de protocolos pre hipnóticos que nos permitirán aumentar considerablemente nuestro porcentaje efectivo de acierto:

ESTABLECER SINTONÍA, RAPPORT Y ACOMPASAMIENTO: Para lograrlo, lo primero que debemos hacer, es explicarle claramente a nuestro sujeto en cuestión (paciente o participante) que es y que no es la hipnosis. Así como también explicarle que va a sentir o experimentar antes, durante y después de la sesión o el show de hipnosis; y establecer previamente una relación estrecha entre ustedes más allá de la confianza, para que el sujeto (paciente o participante) nos permita acceder a esa parte de su MENTE INCONSCIENTE que es la que les faculta ser más respectivo a las sugestiones e inducciones que les sugerimos. De esta manera, el sujeto (paciente o participante) participa activamente en la sesión o el show de hipnosis, sin poner ninguna resistencia psicológica a los comandos u órdenes hipnóticas que les estamos sugiriendo.

DESCONEXIÓN O DISOCIACIÓN: El siguiente paso es desconectar al sujeto (paciente o participante) de la parte CONSCIENTE de su cerebro (a saber, la parte lógica o racional de su mente) de la parte INCONSCIENTE (es decir, la parte sugestionable de su mente). Para ello, debemos comenzar nuestras sesiones terapéuticas o eventos de hipnosis callejeras (SEGÚN SEA EL CASO) con pequeños ejercicios de comprobación, para evidenciar su reacción, respuesta, disposición y sugestionabilidad ante las órdenes que les impartimos. Entre los ejercicios básicos más comunes que se recomiendan podríamos mencionar los Dedos Magnéticos, Manos Magnéticas, Manos Direccionales Arriba - Abajo, Elevación o Levitación del Brazos, Caída Hacia Atrás, Catalepsia De Ojos, Brazos y Piernas entre muchos otros, que nos puedan ayudar a conseguir esa disociación, y lograr finalmente nuestro objetivo. Que es hacer entrar en trance hipnótico a la persona, y permitirle desarrollar su "hiper sugestionabilidad" es decir, su amplificador de respuesta o profundizador de las experiencias sugestivas, para crear finalmente el ESTADO HIPNÓTICO que deseamos.

INTRODUCCIÓN DE LAS INDUCCIONES: Una vez realizado la comprobación previa de sugestionabilidad, podemos ir avanzando poco a poco en nuestro proceso de trance hipnótico, comenzando a utilizar una diversidad variada de diferentes inducciones verbales, acompañadas de comandos hipnóticos, sugestiones y patrones persuasivos que nos permitan finalmente ir dirigiendo al sujeto (paciente o participante) a entrar en el estado de trance hipnótico deseado y al estado mental de DISPOSICIÓN PRE y POS HIPNÓTICA que deseamos alcanzar con la persona en cuestión.

La Inducción Hipnótica es el proceso verbal, por medio el cual el HIPNOTIZADOR establece, estimula, dirige y sugestiona a la persona a través del poder de la palabra hablada, para hacer entrar al sujeto (paciente o participante) al estado de trance hipnótico deseado. En otras palabras, la Inducción Hipnótica es el medio más efectivo por medio del cual el hipnotizador declara verbalmente y prepara las condiciones mentales requeridas en el proceso del trance para que ocurra la HIPNOSIS. Es decir, los (Fenómenos Hipnóticos).

En otro orden de idea, podemos decir entonces que la Inducción Hipnótica puede definirse como los procesos psicológicos o procedimientos mentales de la HIPNOSIS necesarias para llevar a una persona al estado de trance hipnótico deseado a través del poder de la palabra hablada declaradas a través de las sugestiones verbales y las inducciones orales que les comunicamos al sujeto (paciente o participante). El Estado de Trance Hipnótico es el estado de mayor sugestión o sugestionabilidad, durante el cual las facultades de la mente críticas o el factor crítico de la mente se reducen, y los sujetos (pacientes o participantes) son más propensos y receptivos a aceptar los comandos, patrones, sugestiones, inducciones, órdenes directas y sugerencias declaradas por el hipnotizador.

A continuación, voy a explicar algunos de los elementos básicos más importantes para tener en cuenta a la hora de comenzar a inducir estados hipnóticos. Hay decenas de principios en el transcurso de este libro, pero solo voy a resaltar los más esenciales y necesarios para multiplicar nuestro porcentaje de éxito:

Elementos Básicos más Importantes para tener en cuenta a la hora de Comenzar a Inducir Estados de Trance Hipnótico.

AUTORIDAD: Cualquier tipo de sugestión, comando subliminal, inducción hipnótica, petición u oren directa e indirecta; es incluso mucho mejor y funciona más efectivamente aun estando despierto si la realiza una persona con autoridad. POR EJEMPLO: Si una persona desconocida te ve sentado en una banca del parque, y te pide que te levantes para sentarse él o ella - ¿Lo harías? Indudablemente que no verdad... Pero ahora IMAGINA la misma situación anterior, y trata de imaginarte esta vez, que la persona que te pide que te levantes del banco para sentarse es alguien de autoridad, reconocido, famoso, importante y relevante para ti. En esta nueva situación, probablemente le sederías el banco cierto si verdad... ¿Por qué? Porque representa una autoridad o personaje importante para ti. [Pues en el campo de la HIPNOSIS sucede exactamente lo mismo]. Es decir, que debemos presentarnos ante las personas como una AUTORIDAD en el campo de la HIPNOSIS; en otras palabras, debemos presentarnos como expertos HIPNOTIZADORES ante nuestro público, espectadores, clientes o pacientes, para que nuestras sugestiones o inducciones tengan mayor fuerza para el sujeto en cuestión.

REPETICIÓN: Debemos repetir varias veces, en varias ocasiones, de diferentes modos y de distintas formas los estados mentales que queremos INDUCIR y GENERAR en la mente de las personas (pacientes o participantes) a quien le realizamos la sesión o show hipnótico. POR EJEMPLO: Si queremos que el sujeto (paciente o participante) entre en un estado de trance profundo de relajación, no bastará con que solo le digamos SUEÑO, DUERME o RELÁJATE para producir el fenómeno hipnótico esperado... Para que esto realmente suceda, debemos continuamente bombardear su mente subconsciente repetidamente con sugestiones verbales, comandos subliminales, inducciones hipnóticas y órdenes directas e indirectas que les permitan inducir y generar el estado hipnótico deseado; a saber, el estado de trance profundo. Y para lograr ese objetivo, utilizamos repetidamente las palabras SUEÑO, DUÉRMETE o RELÁJATE, organizadas en pequeñas oraciones subliminales creadas para tal propósito; a fin, de dirigir al sujeto a entrar en el estado de trance hipnótico deseado. Y la mejor forma de hacerlo sería de la siguiente manera: A la cuenta de 3, te ordenare que cierres tus ojos, y al cerrar tus ojos deseo que te RELAJES PROFUNDAMENTE hasta que comiences a tener esa sensación de SUEÑO PROFUNDO, quiero que a medida que escuches mi voz, y te diga DUÉRMETE sientas una sensación de paz y tranquilidad que te hace entrar en un estado más y más profundo de relajación, a medida que te RELAJAS más y más PROFUNDAMENTE sientes como caes en un SUEÑO PROFUNDO que te produce cada vez más y más deseos de DORMIRTE, correcto, así es lo estás haciendo muy bien. Perfecto, ahora que has entrado en un estado de RELAJACIÓN PROFUNDA entre más escuchas mi voz, más y más te adentras en ese SUEÑO PROFUNDO que te da serenidad y te produce esa paz interior que te estimula que DUERMAS PROFUNDAMENTE más y más. Muy bien, así es, lo estás haciendo correctamente. Ahora voy a comenzar a contar del 1 al 3 y a medida que voy contando vas profundizando cada vez más y más en este estado de RELAJACIÓN PROFUNDA, y quiero que percibas como con cada respiración te relajas más y más. Correcto así es, muy bien; 1 inhala profundamente y siente como con cada inhalación te llenas de tranquilidad y una paz interior que te produce serenidad, 2 con cada exhalación deseo que sueltes todo estrés, y sientas como al exhalar el aire de tus pulmones sientes que liberas todas las tenciones de tu cuerpo, 3 siente como cada vez profundizas más y más en este estado de RELAJACIÓN PROFUNDA, correcto, así es lo estás haciendo muy bien. Perfecto, ahora DUÉRMETE PROFUNDAMENTE. Listo; hasta aquí si hicimos la inducción correctamente, hemos generado en la persona el estado de trance deseado, ahora solo tenemos que pasar a la siguiente parte de la inducción.

ACIERTOS: Conviene comenzar aplicando sugestiones sencillas e inducciones directas. La combinación acertada de estas sugestiones e inducciones, nos permitirán conseguir, que nos sea mucho más sencillo llevar al sujeto (paciente o participante) a un Estado de Tracen Hipnótico Deseado. Si consigamos lograr esa DISOCIACIÓN entre su mente consciente y su mente inconsciente la sesión hipnótica o el show de espectáculo habremos tenido éxito. Y para lograr esto, debemos seguir los pasos anteriormente nombrados, ya que esto permite crear una secuencia o continuidad en el proceso hipnótico, y entre mayor cantidad de aciertos tengamos mayores son las probabilidades de éxito que obtendremos.

TÉCNICA DE YES-SET: Debemos conseguir poner al sujeto (paciente o participante) de nuestra parte. Y para lograr ese objetivo debemos conseguir que la persona coincida afirmativamente y este de acuerdo con nosotros en al menos 3 "SI" seguidos. POR EJEMPLO: Puedes sentarte "Si", Puedes juntar las piernas "Si", puedes tomar una respiración profunda "Si". A partir de ese momento, será mucho más sencillo que su mente subconsciente ACCEDA a nuestras sugestiones e inducciones más libremente, lo que permitirá llevar a cabo la sesión hipnótica o el show de espectáculo al siguiente nivel, activando los fenómenos hipnóticos deseados.

REFUERZO POSITIVO: ¿Cómo sabe el sujeto (paciente o participante) si lo que está realizando en un momento determinado, lo está haciendo correctamente? Está es una pregunta que a menudo suele pasar por la mente de la persona, bien sea consciente o inconscientemente. Por tal razón, es de vital importancia que la persona que está recibiendo las sugestiones e inducciones, sepa que lo que está pasando, ocurriendo o realizando en el proceso del trance hipnótico, es precisamente lo que tiene que ocurrir. Para ello, reforzaremos continuamente las acciones del sujeto (paciente o participante) con palabras y afirmaciones positivas tales como: "Eso es, muy bien", "excelente, lo estás haciendo genial", "correcto, así es lo estás haciendo muy bien". POR EJEMPLO: Si vemos que de repente realiza un movimiento brusco, reforzaremos esa acción, como si eso fuera algo normal, "Eso es, muy bien", siente como ese movimiento hace que entres más y más en un estado de trance profundo, "Correcto lo estás haciendo muy bien".

ASOCIACIÓN: Debemos asociar nuestras sugestiones e inducciones a las experiencias internas y externas del sujeto (paciente o participante). SI POR EJEMPLO Hay algún ruido en el exterior que esta fuera de nuestro control, entonces podemos usar ese sonido a nuestro favor; sugiriéndole que si "Escucha" cualquier ruido del exterior, hace que se centre más y más en su paz interior Si al contrario el sujeto (paciente o participante) realiza cualquier movimiento brusco o involuntario como por ejemplo un ligero parpadeo o movimiento del brazo Puedes sugerirle que, "Sienta" como con cada parpadeo que realiza o con cada movimiento del brazo le permite entrar más y más en el estado de trance hipnótico deseado. Y así de esta manera, utilizamos las situaciones internas y externas de la persona, y las asociamos positivamente al contexto de nuestra sesión hipnótica, permitiendo que cada circunstancia que sucede a nuestro alrededor se convierta en nuestro aliado.

UTILIZACIÓN DE METÁFORAS: Las metáforas, son un lenguaje figurado y alegórico que funciona muy bien como un excelente recursos persuasivo en la comunicación hipnótica, que nos permite asociar subconscientemente un estado mental deseado o estado de consciencia alterado a un hecho cotidiano, que permite al sujeto (paciente o participante) estimular potencialmente su REALIDAD ALTERNA SUBJETIVA ayudándole de esta manera, a conseguir estimular y desarrollar respuestas ideo motoras, ideo sensoriales, e ideo-emocionales a un nivel inconsciente y provocar activar su REALIDAD ALTERNA SUBJETIVA; y de esa forma, es mucho más sencillo que el sujeto (paciente o participante) reciba la [guía, instrucción, sugerencias, sugestiones hipnóticas e inducciones directas o indirectas] que le estamos ordenando. POR EJEMPLO: "IMAGÍNATE que tus (dedos) o (manos) son dos fuertes imanes magnéticos que se atraen uno del otro, y que entre más se acercan, más las gravedad magnética los atrae entre sí", eso es correcto, lo estás haciendo bien "IMAGÍNATE que tus (dedos) o (manos) están completamente pegadas, que se fusionan fuertemente y se unen o pegan como si estuvieras usando un poderoso pegamento que los mantiene completamente unidos" así es, correcto lo estás haciendo muy bien.

REPRESENTACIÓN DE LOS SISTEMAS SENSORIALES: Debemos adaptarnos al sistema sensorial o submodalidades representacionales del sujeto (paciente o participante), bien sea que este sea "Visual, se representa con lo que VE; Auditivo se representa con lo que OYE; o Kinestésico se representas con sus emociones, sentimientos y sensaciones que SIENTE". Cuando la HIPNOSIS se realiza en grupo entonces tendremos que hacer referencia MULTI-SENSORIAL a los tres estados principales que son (Vista, Oído y Sensaciones). Algunos ejemplos de los apartados que podemos utilizar en nuestras sesiones hipnóticas o show de espectáculos serían las siguientes.

Observa como todo lo que pasa a tu alrededor te hace estar más y más relajado.

Escucha como todo lo que pasa a tu alrededor te hace estar más y más relajado

Siente como todo lo que pasa a tu alrededor te hace estar más y más relajado.

REPRESENTACIÓN VERBAL o COMUNICACIÓN ORAL: El poder de la PALABRA HABLADA es nuestro mayor aliado; por tal razón, nuestra voz, el ritmo, la cadencia, el timbre, el volumen y la entonación deben representar armoniosamente lo que nuestra palabra hablada dice. POR EJEMPLO: Si queremos inducir o sugestionar al sujeto (paciente o participante) a un estado de SUEÑO HIPNÓTICO, tendremos que decir frases como las siguientes: Entra más y más en un "SUEÑO, SUEÑO, SUEÑO PROFUNDO" "Eso es, muy bien", "excelente, lo estás haciendo genial" AHORA "DUERME PROFUNDAMENTE"

La primera inducción o sugestión la hacemos con un tono o volumen de voz baja, suave, susurrante y cálida; la segunda, que es la orden hipnótica directa que queremos provocar, la pronunciamos después del refuerzo que utilizamos para entrelazar una oren de la otra; pero esta vez, con un tono o volumen de voz más alta y con autoridad.

Sin embargo, si lo que queremos es inducirle o sugestionarle al sujeto (paciente o participante) a entrar en un estado de RELAJACIÓN PROFUNDA, tendríamos que pronunciar frases y oraciones compuestas como las siguientes: A partir de ahora, quiero que sientas cómo te RELAJAS PROFUNDAMENTE, y te sientes más y más RELAJADO hasta el grado que experimentas una PAZ y un RELAX INTERIOR; así es, correcto lo estás haciendo muy bien.

Estas frases debemos pronunciarlas con un tono, ritmo, cadencia y entonación de voz que expresar sutilmente el estado de relax y paz interior que deseamos provocar en el interior de su mente consciente y subconsciente.

VOZ HIPNÓTICA: Como HIPNOTIZADORES PROFESIONALES, bien sea que seamos (hipnotistas callejeros, hipnotizadores en show de espectáculos, hipnólogos clínicos o hipnoterapeutas especialistas) siempre tenemos que hacer uso de dos (2) tipos de voz, nuestra VOZ HABITUAL (que es la que utilizamos en nuestras interacciones diarias) y nuestra VOZ HIPNÓTICA (que es la VOZ PERSUASIVA que utilizamos en nuestra sesiones o show para inducir el trance). De esa manera, cada vez que el sujeto (paciente o participante) escuche nuestro TONO DE VOZ HIPNÓTICO, le será mucho más fácil reconocerlo y acceder subconscientemente al estado de trance deseado.

Aumenta tú CÍRCULO DE POTENCIA y tú Nivel de Fuerza o Nivel de Autoridad a un NIVEL SUPERIOR (FP): Aumentar tú CÍRCULO DE POTENCIA y tú Nivel de Fuerza o Nivel de Autoridad a un NIVEL SUPERIOR (FP) te permite desarrollar tus habilidades hipnóticas al siguiente nivel, (a otro nivel amigo mío).

Esto les permite crear órdenes directas e indirectas, inducciones y sugestiones de manera más óptima y efectiva, subiendo paulatinamente en los GRADOS DE HIPNOSIS. Es decir, que logran ascender desde el CÍRCULO DE POTENCIA y su Nivel de Fuerza o Nivel de Autoridad a un NIVEL SUPERIOR FP0 y FP1, hasta FP5 y superiores, lo que les faculta producir ciertos FENÓMENOS HIPNÓTICOS que de otra manera fuera imposible.

Este principio es uno de los ELEMENTOS AVANZADOS MÁS IMPORTANTES PARA TENER EN CUENTA A LA HORA DE PROFUNDIZAR E INDUCIR ESTADOS HIPNÓTICOS EN LOS GRADOS MÁS ELEVADOS DE LA HIPNOSIS.

Por tal razón, he escrito todo un capítulo completo sobre este punto en particular. La HIPNOSIS es todo un arte magistral y deseo compartirte las técnicas avanzadas que en su mayoría son reservadas en otros libros y omitidas en muchos de los cursos presenciales. Así que más adelante, compartiré lo que nunca ningún (hipnotista callejero, hipnotizador en show de espectáculos, hipnólogo clínicos o hipnoterapeuta especialista) comparte publica y abiertamente… ¿Te gusta la idea de aprender estas técnicas avanzadas verdad? Si. Ok entonces, sin más preámbulos continuemos.

ENCUENTRA TU PROPIO ESTILO Y DESARRÓLLALO: Este elemento, es el más importante para tener en cuenta a la hora de comenzar a inducir y crear estados hipnóticos. Mi experiencia personal en el maravilloso mundo de la HIPNOSIS me ha enseñado que para ser un buen HIPNOTIZADOR o HIPNOTERAPEUTA primero debes convertirte en EL HIPNOTISTA; es decir, sentir, pensar y actuar como EL HIPNÓLOGO que QUIERES LLEGAR A SER. O, en otras palabras, verte a ti mismo como el Hipnotista, Hipnotizador, Hipnólogo o Hipnoterapeuta que PUEDES LLEGAR A SER. Ten siempre presente que tu actitud, carisma, confianza y seguridad en ti mismo tienen mayor peso que cualquier guion terapéutico, charla pre hipnótica, truco lingüístico, técnica de inducción, sugestión, patrones o comandos hipnóticos. Ya que estos, solo son elementos que utilizaras como profesional para reforzar tu presentación; bien sea en tus sesiones de hipnosis clínica terapéuticas, o en tus show de hipnosis callejera y de espectáculo, pero recuerda que será siempre tu actitud, carisma, confianza y seguridad personal la que te consolidara y posicionara finalmente como el HIPNOTISTA, el HIPNOTIZADOR, el HIPNÓLOGO o el HIPNOTERAPEUTA tanto frente a tu audiencia y público en general, así como en tus respectivas sesiones de hipnosis.

Para comenzar a crear tú propio estilo, lo primero que debes hacer es identificar cuál de las diferentes especialidades hipnóticas vas a elegir para iniciar tu camino. Y estas opciones pueden ser: Darte a conocer como hipnotista en eventos de hipnosis callejera, o convertirte en un hipnotizador de hipnosis de teatro o show de espectáculos; o si así lo prefieres puedes optar por titularte universitariamente y ejercer profesionalmente como hipnólogo clínico o hipnoterapeuta especialista. Pero sea cual sea, la decisión que tomes, siempre debes prepararte, tomar acción y hacer que las cosas sucedan, para que así puedas SER el mejor en el área que elijas.

Otra de las cosas que debes hacer para ENCUENTRA TU PROPIO ESTILO Y DESARRÓLLALO es elegir el tipo de hipnosis que vas a usar para iniciar tu camino como HIPNOTISTA, HIPNOTIZADOR, HIPNÓLOGO o HIPNOTERAPEUTA. Entre las diferentes y múltiples opciones que existen puedes especializarte en: Hipnosis Clásica, Hipnosis Freudiana, Hipnosis de Espectáculo, Hipnosis Clínica, Hipnosis Terapéutica, Hipnosis de inducción Indirecta, Hipnosis Ericksoniana, Hipnosis Psicolingüística, Hipnosis con Programación Neurolingüística, Hipnosis Conversacional o la combinación de ellas según tus gustos, preferencias, estilo y forma de ser. Y hasta combinarlas también según la situación y la ocasión lo requiera. Recuerda la HIPNOSIS te ofrece un sin fin de opciones y de probabilidades ilimitadas, así que aprovéchalas a tu favor en tu camino hacia la excelencia personal.

Estos solo son algunos de los principios básicos más elementales e importantes al tener presente en una sesión de hipnosis clínica o hipnoterapéuticas, así como también en los shows de hipnosis callejero o de espectáculo. Como he dicho anteriormente este libro es solo una pequeña guía de referencia teórica-práctica, para introducirte en este maravilloso mundo de la HIPNOSIS. Es por esta razón, que he visto oportuno, compartir contigo solo los más significativos e importantes primeros pasos y elementos básicos de la hipnosis.

Las 15 Reglas de la Sugestión Hipnótica:

1.CORTAS. Nuestro cerebro puede procesar cinco datos simultáneamente, e incluso hasta siete, pero no ni diez, ni veinte. Por tal razón, de debe evitar construir sugestiones e inducciones largas tales como: "La pesadez de su brazo se desplaza primero hacia su pie izquierdo, luego hacia su mano derecha, antes de llegar a su frente, para regresar finalmente a su pie izquierdo". Es preferible decir: "La pesadez de su brazo, se desplaza poco a poco hacia su pie". "La pesadez de su pie, se desplaza muy lentamente hacia su mano", etc. ¿Vez, son las mismas sugestiones e inducciones, pero declaradas de forma más corta y precisa?

2.CONCRETA y PRECISA. Se dirá: "Su brazo cada vez es más y más pesado como el plomo", "Su mano cada vez se hace más y más rígida como una barra de acero", "Sus ojos se hacen cada vez más y más pesados, sus parpados se cierran y siente la sensación de entrar en un sueño profundo".

3.AFIRMATIVA EN TIEMPO PRESENTE. Como si lo que dijéramos estuviera pasando en este momento en el AQUÍ y en el AHORA: "Se siente pesado o cansado; se siente relajado o calmado". No vale decir: "Me gustaría que sintieras pesadez en…"

4.POSITIVA. La sugestión se aceptará mucho mejor, cuanto mayor sea la mejoría que proporcione al individuo: un EJEMPLO de cómo no debería de ser: "Evitará cualquier enfermedad dejando de fumar". En cambio, un EJEMPLO de cómo SI debería de ser: "Sus pulmones se despejan, su respiración es enérgica, sus ganas de fumar disminuyen y usted se siente cada vez más y más sano".

5.REPETITIVA. Si a un sujeto se le dice que su cuerpo es pesado directamente (su cuerpo es pesado, su cuerpo pesa mucho, está muy pesado…) lo más seguro es que acabaremos por provocarle ansia. Lo más correcto sería, decirlo de la siguiente manera: "Su cuerpo poco a poco, se hace cada vez más y más ligero, su cuerpo comienza ahora a sentirse completamente ligero, cada vez más y más ligero, sus piernas y sus manos también se hace cada vez más y más ligeras poco a poco. Cada una de mis palabras, hace que tanto su cuerpo, piernas y brazos, se sientan aún más y más ligera. Tan ligera que siente la sensación de levitar, tan ligero que se siente completamente relajado" (Como ves estamos diciendo lo mismo, pero de diferente forma)

6.SIMPLE o SUPERPUESTA. Estas dos herramientas, consiste en relacionar un hecho con otro (Aun cuando en realidad, no tengan ninguna relación entre sí)

SIMPLE: "Su brazo se hace cada vez más y más ligero".

SUPERPUESTA: "Cuanto más ligero se hace su brazo, más profundamente se sume en el sueño; entre más ligero se hace su brazo más y más se relaja su cuerpo y más y más siente una sensación de sueño profundo".

Esta sugestión superpuesta, como podrás notar subordina la relación de una sugestión simple. Como viste en las inducciones, no existe en realidad una verdadera relación entre ambas; es la capacidad de convicción del hipnotizador la que la crea.

7.INMEDIATA o DIFERIDA:

DIFERIDA: "Después de contar hasta tres levantarás tu brazo izquierdo".

INMEDIATA: "Levanta tu brazo izquierdo, ahora".

La diferida tiene dos ventajas: 1° Permite prevenir al sujeto, especialmente respecto a un contacto físico si fuere necesario; y así, evitar generar alguna emoción. 2° Pero en sí misma, utilizada correctamente, es otra acción hipnótica que impulsa al individuo a responder antes una orden y prever otra realidad… A través del simple poder de su imaginación y su hiper sugestionabilidad.

La inmediata tiene también dos ventajas: 1° Permite ver el grado de atención y sugestionabilidad del sujeto antes las órdenes directas. 2° Permite evaluar el nivel de hipnosis donde se encuentra el sujeto. Si responde inmediatamente a la orden de "Levantar su brazo izquierdo", significa que está en el estado Z2.

8.INTRAHIPNÓTICA o POST HIPNÓTICA:

INTRA HIPNÓTICA: Se produce durante la hipnosis. (Es decir, son los fenómenos hipnóticos que se producen durante el proceso de la hipnosis).

POST HIPNÓTICA: Se refiere al momento posterior a la hipnosis. (Es decir, son las órdenes y sugestiones hipnóticas, que se mantienen aún después de terminar la sesión de hipnosis). Por ejemplo:

"A partir de ahora, siempre que te toque la frente y te diga que duermas, entrarás en un estado de trance hipnótico aún más profundo, del que te encuentras ahora. Ahora, para probar que has comprendido, aceptado y asimilado todo lo que te he dicho, voy a contar hasta tres (3) y despertarás. Y verás que te encontrarás muy bien y te sentirás lleno de energía y vitalidad; pero aun después de despertar, siempre que te toque la frente y te diga que duermas, cerrarás los ojos y nuevamente entrarás en un estado de hipnosis todavía más y más profundo del que estas ahora, si entiendes asiente con la cabeza.

UNA VEZ CREADA LA ORDEN; y el sujeto se despierte, probaremos la Sugestión Post hipnótica, le pasaremos la mano leve y suavemente por la cara (activando el anclaje kinestésico) y le diremos DUERME (activando el anclaje auditivo y sensorial) y si la persona comprendió, acepto y asimilo toda la orden que se le fue implantada con anterioridad, volverá a entrar en el estado de trance hipnótico profundo acordado. Y LISTO, ya habremos logrado el objetivo. ¿Qué bien verdad?

9.PROGRESIVA. Si le dice a alguien de una vez: "Su cuerpo relajado", quizá necesites repetirlo durante quince minutos para que esa sensación se cree realmente en el subconsciente de la persona. Pero si comienza diciendo: "Tu cuerpo comienza a relajar poco a poco, siente como tus manos se relajan más y más, sientes como tus piernas se relajan cada vez más y más". "Correcto, así es lo estás haciendo muy bien". "Ahora sientes una paz y una tranquilidad en todo tu ser, siente una sensación de bienestar por todo tu cuerpo, ahora siente como esa paz, tranquilidad y sensación de bienestar se siente en todo cuerpo y mente, etc." Aprendiz, como puede apreciar, ahora podemos obtener el mismo resultado que el anterior, pero esta vez, sólo tendríamos que emplear un máximo de unos cinco minutos y listo.

10.RAZONABLE. Siempre hay que anticiparse, y evitar situaciones de estrés. POR EJEMPLO: Nunca deberá decir: "Usted se sumerge en un sueño profundo que lo cubre poco a poco" a un sujeto que se ha salvado de ahogarse en el mar unos años antes, ya que este tipo de sugestiones podría provocarle ansiedad. Lo correcto sería UTILIZAR FRASES INDETERMINADAS o INESPECÍFICAS, es decir usar frases neutrales, como POR EJEMPLO: "Usted poco a poco se relaja, se siente en paz, calmado, tu cuerpo y tu mente comienza a sentir sensaciones de bienestar, eso es, así es, siente como esa sensaciones de tranquilidad se desplaza por todo tu cuerpo, ahora siente como te relajas cada vez más y más profundo, siente como esa sensación de relajación te permite entrar poco a poco en un estado de sueño profundo, así es, correcto lo estás haciendo muy bien.

11.FLEXIBLE. Para poder adaptarnos a cada situación, contexto o circunstancia, según la ocasión lo requiera. Debemos ser flexibles para adaptar nuestro vocabulario y dicción al mismo dialecto o vocablo del sujeto a hipnotizar.

12.CONVERGENTE, RELACIONADOS ENTRE SI. Nuestras sugestiones deben ser coherentes entre sí, y tener un patrón continuo y relacionado con la anterior, para llevar al sujeto finalmente al estado hipnótico deseado. POR EJEMPLO: "Su cuerpo se relaja, sus parpados pesan y sus ojos se cierran, su corazón poco a poco reduce su ritmo, su respiración disminuye cada vez más y más" Se dice que convergen ya que cada una de las sugestiones antes mencionadas estimulan en el sujeto el recuerdo inconsciente de la sensación de dormir, lo que lo lleva a sentir la sensación del sueño. Como vez cada acción mencionadas anteriormente (representan cinco consecuencias fisiológicas naturales del sueño) por lo que utilizada esta técnica correctamente, podemos generar artificialmente la sensación que se produce en el sueño fisiológico, usando esa sensación a nuestro favor.

13.REALIZABLE. Si diéramos una sugestión que no pueda ser realizable por el sujeto. Como por ejemplo que (vaya en contra de sus principios, moral, ética, religión o buenas costumbres...) En estos casos puede suceder: 1° Nada; 2°El sujeto despierta; o 3 ° El sujeto huye y se refugia en el estado Z3. Por tal razón, siempre es recomendable dar órdenes, sugestiones e inducciones que estén dentro de sus (principios, moral, ética, religión y buenas costumbres...) y sobre todo en el estado correcto Z1 o Z2 y en círculo de potencia, nivel de fuerza o nivel de autoridad correcto.

14.RAZONABLES, CONGRUENTES Y COHERENTES. Siempre hay que anticiparse a las reacciones fisiológicas. POR EJEMPLO: No podemos decirle al sujeto que sus dedos van a comenzar a separarse, cuando ya tiene las manos completamente abiertas.

15.NORMAL o SUBLIMINAL. Una Sugestión Normal está destinada a ser escuchada conscientemente por el sujeto. Mientas que una Sugestión Subliminal va dirigida sutil y subjetivamente al subconsciente de la persona. Las Sugestiones Normales son, POR EJEMPLO: Ordenes simples y directas, te sientes relajado, tu brazo levita, tus manos se quedan pegadas, tus ojos se cierran, tus parpados pesan, etc. Mientras que las Sugestiones Subliminales son, POR EJEMPLO: Imágenes invisibles intercaladas en una película, frases pronunciadas a gran velocidad o en un tono tan bajo que no se puedan oír, o una sugestión sutil u orden encubierta como podría ser "Cada vez que escuches mi voz, te sentirás más y más relajado.

Como pudimos asimilar en este apartado aprendiz, LAS 15 REGLAS DE LA SUGESTIÓN HIPNÓTICA son de vital importancia. Aprendiendo estos 15 PRINCIPIOS y adaptarlos a nuestras sesiones de hipnosis clínica terapeuta o en nuestros shows de hipnosis callejero a de espectáculo nos permitirá tener mayores probabilidades de éxito en nuestros procesos hipnóticos.

Programa de Trabajo para llegar a SER un Excelente HIPNOTIZADOR

1. - Preparación de la Voz:

Escoge un texto, preferiblemente que sea interesante, motivador e inspirador para ti; puedes usar como referencias las pruebas de sugestionabilidad, o las inducciones hipnóticas que hay en este curso; y pronuncia cada frase, 4 veces, de 4 maneras distintas:

- Paternal autoritaria.

- Maternal, dulce y cariñosa.

- Colaborador.

- Flexible.

Aquí te compartiré algunos *EJEMPLOS*:

Paternal Autoridad.

Obediencia por respeto "*¡Levántate inmediatamente!*"

Y ven aquí, por favor.

Maternal Dulzura, Protección.

Obediencia por amor "**Me gustaría que te levantaras para alcanzarme esa caja: es que me siento muy cansada.**"

Colaborador Analítico, Inteligencia.

Obediencia por el razonamiento lógico "**Ese humo puede ser perjudicial; deberías levantarse y abrir la ventana**" ¿No cree usted?

Flexible Libertad de Elección,

Iniciativa Sugerida. *Obediencia a través de una aparente libertad de decisión* "**Imagine que se levanta. Provoque ese deseo internamente en usted; hágalo cuando quiera y sientas que deberías hacerlo y lo haces**"

Para este ejercicio, si es necesario, el hipnotizador puede emplear estas cuatro voces en menos de quince segundos. Esto da una idea de la adaptación necesaria.

Mis aprendices, es preciso subrayar en este punto, que no basta con solo leer estas sugestiones; deben ser consciente de la imitación que hagan al momento de pronunciar las inducciones, de buscar con exactitud la pronunciar de la orden hipnótica, a través de una adecuada utilización de un tono de voz específica, hablando con un tono de voz que refleje la emoción que quieres despertar, describiendo imágenes mentales que generen en el sujeto una sensación de profundización del estado que queremos inducir.

2. - Mírate en el Espejo. Práctica el ejercicio anterior, habla con tus cuatro voces Paternal autoritaria - Maternal, dulce y cariñosa Colaborador y Flexible:

Para éste 2do paso; mirándote al espejo y trata de reflejar las siguientes indicaciones:

LA RESPIRACIÓN Cambia el estilo del...

•*Ritmo "Equilibrado o Descontrolado" - "Lento o Suave"*

•*Forma "Abdominal o Pectoral"*

•*Volumen "Suficiente o Insuficiente"*

MOVIMIENTOS OCULARES utiliza tus ojos en diferentes direcciones...

•*Hacia arriba, en dirección a la izquierda.*

•*Hacia arriba, en dirección a la derecha.*

•*Lateralmente hacia la punta final del lado izquierdo del ojo.*

•*Lateralmente hacia la punta final del lado derecho del ojo.*

•*Hacia abajo, en dirección a la derecha.*

•*Hacia abajo, en dirección a la derecha*

MICRO-EXPRESIONES faciales utilizando tu rostro trata de hacer gestos de...

• *"Ademanes" de Duda, Miedo, Temor, Ira, Inquietud, Tensión, Relajación, Emoción, Alegría, seguridad, Felicidad, Paz, Amor y Armonía.*

POSTURA CORPORAL, posición de la cabeza y movimientos de las manos...

• *"Movimientos de Afirmación" "Movimientos de Negación"*

• *"Gestos y movimientos con las Manos y los Dedos"*

• *"Rígido" "Relajado" "Tranquilo o Imperativo"*

LA VOZ Utiliza tu estilo de voz en diferentes...

•*Ritmo "Pausado o Acelerado"*

•*Timbre "Agudo o Grave"*

•*Tono "Suave o Áspero"*

•*Volumen "Alto o Bajo"*

3. - Construye Sugestiones e inducciones sobre la base de los Estados Hipnóticos que desees generar:

Para la realización de este ejercicio, te puedes ayudar aplicando las quince (15) reglas de la sugestión con la que comencé este capítulo. Aprende estas quince (15) reglas. Léete el texto de una de las sugestiones que te he compartido en los apartados anteriores y pregúntate por qué ciertas frases no servirían para una sugestión especifica en una determinada situación.

Al hablar; analiza qué ocurre si dices las frases:

- Muy rápido / muy despacio

- Con tono neutro / enfático

- Muy débil / muy fuerte

4. Aprende los 5 Pasos de una Sesión de Hipnosis, estudia los Estados, Grados y los Niveles de la Hipnosis, las Técnicas, las Herramientas y las Familias de la Hipnosis. Estados de una Sesión de Hipnosis (Inducir, profundizar, fenómenos hipnóticos, sugestión posthipnótica y procedimiento del despertar); Estados y Niveles de la Hipnosis (ESTADO DE VIGILA "Z0" Presente aquí y ahora, nivel neuronal BETA = Entre 14 a 28 Hz o (ciclos por segundo o cps) - ESTADO HIPNOIDAL o Encantamiento Z0 y Z1, nivel neuronal ALFA / ALPHA = Entre 8 a 13 Hz o (ciclos por segundo o cps) - TRANCE HIPNÓTICO LEVE o Superficial Z1, nivel neuronal ZETA / THETA = Entre 4 a 7 Hz o (ciclos por segundo o cps) - TRANCE HIPNÓTICO MEDIO o Cataléptico Z1 y Z2, nivel neuronal ZETA / THETA = Entre 4 a 7 Hz o (ciclos por segundo) - TRANCE HIPNÓTICO UMBRAL SONAMBÚLICO o Sonambúlico Z2, nivel neuronal DELTA = Entre 0,5 a 3 Hz o (ciclos por segundo o cps), perceptibles exteriormente); Técnica del Magnetismo (MOPPAO); Herramientas del Hipnotizador (Fascinación y Sugestión); Familia de la Hipnosis (Sensorial, fisiológica, Psico imaginaria, Psico conflictiva); Finalidad, estrategia y fraseología de las familias de la hipnosis.

5. Aprende la Finalidad, Estrategia y Fraseología de las FAMILIAS Sensoriales, Fisiológicas, Psico conflictiva Y Psico imaginaria. Aprendiz, para este ejercicio tienes que ser capaz de adaptar las 4 familias de la hipnosis a todos los casos. Debes saber para qué sirve cada una, comprender sus etapas y el orden correspondientes de cada finalidad, estrategia y fraseología.

6. Inventa Nuevas Técnicas de Sugestiones. En este ejercicio el propósito es diseñar, crear e innovar nuevas sugestiones e inducciones hipnóticas a partir de las 4 familias de la hipnosis (Sensorial, Fisiológica, Psico conflictiva y Psico imaginaria) utilizando técnicas nuevas, o a las ya conocidas y estudiadas en este curso de hipnosis. Lo importante es hacerlo por escrito y partiendo de:

a) Finalidad.

b) Estrategia y

c) Fraseología

7. Dominar Varias Técnicas de Sugestión, y Elegir Adecuadamente qué Orientación es la más adecuada rara cada Inducción, según la situación, el contexto y las circunstancias que se presenten.

La mayoría de los hipnotizadores:

- Empiezan con una entrevista previa, una charla pre hipnótica, escriben su informe médico, leen y rellenan el guion terapéutico con el paciente o participante, llenan el contrato o acuerdo Post Hipnótico para tener presente las metas que se quieren lograr con la sesión o el show, profundizar el motivo de la consulta o sesión, hacer preguntas al sujeto para localizar posibles problemas psicológicos y fisiológicos si los hubiera, detectar miedos, traumas, fobias, expectativas, deseos e intereses, etc.

- Utilizan la prueba de sugestionabilidad de la caída hacia atrás (Familia Sensorial) como prueba de métodos confiable para comprobar el grado de sugestionabilidad del sujeto. Para lograr mayores resultados se recomienda (Ir cambiando el tono, volumen, ritmo y compás de la voz para detectar cual funciona mejor en ese sujeto y adaptarla a cada situación o contexto en particular) "Si el sujeto pusiera alguna resistencia, sutilmente se cambiara el estilo de la voz, se incorporaría las percepciones auditivas, visuales, kinestésica y sensoriales para estimular el estado hipnótico deseado en la persona, y finalmente al lograr el objetivo; se comienza con la profundización utilizando otras de las de técnica o de familia.)

NOTA IMPORTANTE: Algunos de estos elementos, principios, estrategias, fraseología, familias sensoriales y herramientas del hipnotizador... La veremos y las estudiaremos más a fondo en el SEGUNDO LIBRO DE ESTA SERIE: Libro que se titula "<u>CURSO DE HIPNOSIS PRÁCTICA - Como HIPNOTIZAR, a Cualquier Persona, en Cualquier Momento y en Cualquier Lugar ©-®</u>".

Así que campeones y campeonas, este libro solo es el inicio de lo que aprenderás en la Serie Completa, que prepare para ustedes, y que está compuesta en 3 Volúmenes...

Así QUE teniendo esto presente, continuemos...

Bueno APRENDICES, ¡Hemos llegado al final de este CUARTO CAPÍTULO! Espero que te haya gustado y sobre todo que hayas aprendido muchísimo sobre los Principios Esenciales para Comenzar a Utilizar la Hipnosis. Como siempre aprendiz, te deseo muchísima suerte con tu formación. El dominio de todos estos conceptos teóricos de la Hipnosis es importante en tu aprendizaje, ya que son los pilares que te permitirán llevar tus capacidades hipnóticas al siguiente Nivel. Recuerda que (Siempre puedes contar conmigo, para lo que necesites) Ten presente que "Si tienes alguna pregunta, puedes "Escribirme directamente a mi (E-mail)".

Bueno, ¡espero leer tus mensajes desde la sección "Comentarios" de mi Website! ¡Ah! APRENDIZ, también me gustaría que me comentes las enseñanzas o las experiencias que hayas tenido con la lectura de este libro. Hasta la próxima mi apreciado lector - ¡Espero poder tener muy pronto noticia tuya!... _

MásterCoach.YlichTarazona@gmail.com

https://www.mastercoachylichtarazona.com/

EL ÉXITO ES PARA AQUELLOS, QUE ESTAMOS DISPUESTOS A PAGAR EL PRECIO Y DISFRUTAR DEL CAMINO "El éxito es más que una condición, es un estado mental. El éxito es un camino; es el logro consecutivo de pequeñas metas, y es el resultado de llevar una vida con propósito. Y para que nuestros objetivos se lleven a cabo; debemos estar dispuestos a programar nuestra mente en dirección a nuestro destino, tomar acción, ejecutar el plan o proyecto de vida y hacer que las cosas sucedan. -. YLICH TARAZONA. -

*** ~~~*** ~~~*** ~~~

CAPÍTULO V: DIFERENCIAS Y FUNCIONES DE LA MENTE CONSCIENTE, EL FACTOR CRÍTICO, LA MENTE SUBCONSCIENTE Y EL INCONSCIENTE

Bueno campeones y campeonas una vez estudiado y comprendido la historia de la HIPNOSIS, la sugestiones junto a los patrones persuasivos y su evolución a través de la historia y sus múltiples funciones y aplicabilidad en diferentes contextos terapéuticos e hipnosis de espectáculos. Ahora vamos a concentrarnos en un tema que es esencial y fundamental entender para comprender los FENÓMENOS HIPNÓTICOS de los que hemos venido hablando en capítulos anteriores. Y estos conceptos son la MENTE CONSCIENTE y la MENTE SUBCONSCIENTE; términos de que ya nos hemos referidos anteriormente, y que utilizaremos como base de estudio para entender los PROCESOS HIPNÓTICOS descritos en todo el libro.

Aunque son muchos los estudios realizados sobre el tema, hasta ahora nunca se ha podido identificar en el CEREBRO, cual es el origen real donde reside la MENTE humana. Aunque es cierto; que, en la mayoría de las ocasiones, se utiliza el término de MENTE como referencia a un objeto. Lo más indicado, y apropiado para referirnos a la MENTE sería como una FUNCIÓN o PROCESO CEREBRAL.

En cierto sentido; la expresión MENTE, se refiere a las acciones e interacciones entre las células, las neuronas, la sinapsis y los procesos electroquímicos que ocurren en nuestro cerebro. En otro orden de ideas; la terminología MENTE, es utilizada para describir todas las actividades cognoscitivas del cerebro, los procesos del pensamiento, el procesamiento de información y los diversos estímulos multisensoriales provenientes del mundo exterior percibidos por nuestros 5 sentidos (V-A- K- "O y G") Visual, Auditivo, kinestésico o Sensorial.

Es por esta razón, que, en la HIPNOSIS, la SUGESTIÓN y LOS PATRONES PERSUASIVOS el estudio de las funciones del cerebro y los hemisferios cerebrales, así como la MENTE y sus componentes consciente, subconsciente, inconsciente y factor crítico, son esenciales para entender el maravilloso mundo de la Hipnosis y la Persuasión.

Aunque son cuatro (4) los componentes de la MENTE HUMANA (consciente, subconsciente, inconsciente y factor crítico) Entre los procesos más destacados en los cuales vamos a concentrar nuestra atención en esta parte del libro; son los procesos cerebrales que ocurren en el interior de nuestra "{(MENTE CONSCIENTE)}" y nuestra "{(MENTE SUBCONSCIENTE)}".

La Mente Consciente:

Conocida también como mente lógica, mente pensante o racional. Es la que programa, analiza, codifica y simplifica la información que recibimos en el ESTADO DE ALERTA o ESTADO DE VIGILA. Por tal razón; la mente consciente juega el papel de juez junto al FACTOR CRÍTICO en los funcionamientos del cerebro. La mente consciente es la que nos permite evaluar la importancia de la información que llega a nosotros a través de los diferentes estímulos sensoriales (vista, oído, tacto, olfato y gusto). Lo que nos permite bien sea, aceptar o rechazar las inducciones hipnóticas, así como los patrones persuasivos o sugestiones utilizadas apropiadamente en las sesiones de hipnosis.

Se calcula que la MENTE CONSCIENTE, alegóricamente hablando está representada, metafóricamente como la punta o parte superior de un gran ICEBERG, que solo constituye entre un 1% a 10% por ciento del total de nuestras capacidades cerebrales, es decir de nuestra MENTE.

Una de las actividades más importante de la MENTE CONSCIENTE es la de permitir a través de la HIPNOSIS o la AUTO HIPNOSIS Bio Programar nuestra MENTE SUBCONSCIENTE. Y esta programación mental ocurre; cuando centramos y enfocamos nuestros pensamientos en las INDUCCIONES o SUGESTIONES, y la aceptamos o interiorizamos consciente y voluntariamente como si fuera una verdad incuestionable, trayendo como consecuencia crear una nueva realidad y como resultado generar nuevas conexiones neuronales asociadas a la programación recientemente incorporada a nuestro cerebro.

La Mente Subconsciente:

Conocida mayormente como mente intuitiva o mente instintiva. Utilizando la analogía de un computador la mente subconsciente vendría a ser el disco duro o centro de la memoria interna donde instalamos nuestras programaciones y mapas mentales, siendo por ende la parte sugestionable o Bio Programable de nuestro cerebro.

Se calcula que la MENTE SUBCONSCIENTE, alegóricamente representada, es como masa interna o profunda o parte interior de un gran ICEBERG, que constituye el 90% a 95% por ciento del total de nuestras capacidades cerebrales, es decir de nuestra mente. Es allí donde toman residen nuestras creencias, valores y mapas mentales.

Otras de las grandes tareas de nuestra MENTE SUBCONSCIENTE es la de grabar, guardar, registrar, codificar y recordar las informaciones que llegan a nuestro cerebro a través de nuestros sentidos. Así como también, aceptar las sugestiones, comandos o patrones hipnóticos inducidos a través de la HIPNOSIS.

Es por esa la razón, que en los ESTADOS DE TRANCES HIPNÓTICOS se estimula en el sujeto (paciente o participante) la "hiper sugestionabilidad". Es decir, la habilidad de recibir y aceptar las ordenes o sugestiones que les sugerimos a través de las inducciones.

A través de la correcta SUGESTIÓN HIPNÓTICA amplificamos las respuestas multi sensoriales del sujeto (paciente o participante) y profundizamos las experiencias sugestivas; ayudándole a desarrollar respuestas ideo motoras, ideos sensoriales, e ideo-emocionales que les permite experimentar a los individuos transformaciones personales de un modo mucho más eficaz, efectivo y de manera más permanente, que si realizara el mismo procedimiento hipnótico en el ESTADO DE ALERTA o ESTADO DE VIGILIA. Porque es desde la MENTE SUBCONSCIENTE donde se producen los diferentes FENÓMENOS HIPNÓTICOS.

La Mente Inconsciente por otra parte, es la encargada de controlar una gran variedad de la mayoría de los procesos automáticos que rigen el funcionamiento de nuestro organismo. Tales como los latidos del corazón, la circulación, nuestra respiración; así como también el correcto funcionamiento de los sistemas internos del cuerpo que son vitales para la vida humana.

Por tal motivo, es de esperar que la MENTE INCONSCIENTE y la mente subconsciente trabajen juntas, y se mantenga siempre despierta, y permanezca alerta para controlar todos y cada uno de esos procesos automáticos del organismo. Funciones y procesos que siguen funcionando aun cuando dormimos o entramos en estados de relajación, meditación o TRANCE HIPNÓTICO PROFUNDO.

La MENTE INCONSCIENTE de igual manera, se le asocia como el epicentro donde se regulan los niveles hormonales del cuerpo y se generan tus instintos de supervivencia y tu intuitivo sentido bien sea de lucha o huida frente a una situación de peligro. Y todo esto sucede de manera inconsciente e instintiva sin que te pongas a pensar conscientemente en el acontecimiento inesperado que se presentó de manera improvista. Todos estos cambios internos, ocurren de manera inmediata automáticamente, sin que ni siquiera nos demos de cuenta de ellos. En este sentido, podríamos afirmar que este proceso automático que se produce en nuestro interior es uno de los grandes poderes que rigen la MENTE INCONSCIENTE.

Como recapitulación: Las funciones normales del inconsciente y la mente subconsciente, podríamos definirlas en estos 3 procesos...

El lado físico: Tiene que ver con los procesos regulares y esenciales, para la conservación de la vida y la restauración del bienestar que incluye un deseo instintivo de supervivencia general.

El lado mental, Es el almacén de la memoria; abriga los maravillosos mensajes del pensamiento, que trabajan libres del tiempo y el espacio; es la fuente de la iniciativa práctica y las fuerzas constructoras que forjan nuestros hábitos y crean nuestras programaciones mentales, mapas, creencia y valores.

El lado espiritual, Es la fuente de los ideales, de las aspiraciones, de los deseos, de la imaginación, y es el medio a través de la cual reconocemos nuestra conexión con la Fuente Divina que llamamos DIOS. Y en la proporción en que reconocemos este vínculo llegamos a un mayor entendimiento de nuestra naturaleza divina.

El Factor Crítico Entre la mente consciente y la mente subconsciente, hay proceso inconsciente llamado el "factor crítico". El (FC) no es una parte física o tangible del cerebro; sino más bien, es una función o concepto alegórico o metafórico de cómo funciona LA MENTE. El (FC) es la parte de la MENTE que decide que acepta o no acepta como verdad. Note que no digo que "acepta la verdad", si no "como verdad" ya que cada MENTE HUMANA interpreta la verdad de forma subjetiva. Es decir, que cada verdad es diferente para cada persona y la interpretación de la misma es la que cree tal realidad. En otras palabras, EL FACTOR CRÍTICO es el "guardián" entre el consciente y el subconsciente que crea la realidad del individuo.

Bosquejo de la MENTE HUMANA

MENTE CONSCIENTE

FACTOR CRÍTICO

MENTE SUBCONSCIENTE

PROCESO INCONSCIENTE

PROCESOS Y FUNCIONES DE LA MENTE

EL INCONSCIENTE:

El INCONSCIENTE es la Sabiduría del Cuerpo.

*Es la primera parte de la MENTE que se desarrolla en las primeras etapas de la gestación, cuando comienza la formación de la vida del bebe en el vientre materno de la madre.

*La mente inconsciente registra toda la información que recibimos en sus inicios; al principio a través de reacciones electroquímicas. Es decir, que al momento de ser concebidos; la mente inconsciente registra todas las cargas de mensajes multisensoriales que recibimos. Primero de [manera energética] a través de los pensamientos, sentimientos y emociones que son manifestaciones de energías en el organismo, que se presentan en formas de reacciones eléctricas y químicas (electroquímicas) que se esparcen por todo el cuerpo, a través de un [lenguaje intraorgánico] y que el cerebro; en formación, la registra en su MENTE INCONSCIENTE, sin tener la oportunidad de rechazarla o aceptarla. Como consecuencia de este acto; el INCONSCIENTE que comienza a formarse, empieza a percibir con claridad, pero sin comprensión lingüística las impresiones de lo que sucede dentro y fuera de su entorno. Y así se empieza a [originar] la MENTE INCONSCIENTE; ya que ésta, comienza a percibir ciertos sentimientos y emociones, que ahora aprende a reconocer de [manera psicológica] y que, en efecto, esto formará parte de su registro inconsciente. Siendo éstos los primeros [orígenes] de nuestras primeras programaciones mentales.

*La MENTE INCONSCIENTE conoce intuitivamente todas las actividades del cuerpo humano; y el correcto funcionamiento de nuestros órganos y sistemas, tales como: Los latidos del corazón, la circulación, la respiración, la sudoración, la expansión o contracción de los músculos el crecimiento de los (huesos, dientes, uñas, cabello); así como también controla y regula el funcionamiento de los procesos digestivos, renales, hepáticos entre otras funciones hormonales. La MENTE INCONSCIENTE también controla el sistema inmunológico o sistema de defensas del organismo; y por tal razón, es la encargada de la Auto Regeneración del cuerpo, siendo la encargada de sanar y curar nuestro organismo.

*La MENTE INCONSCIENTE controla las secreciones de las distintas hormonas que se producen en el cuerpo humano; entre algunas de ellas son:

•Adrenalina "Encargada de las Situaciones de Riesgo"

•Serotonina "La Encargada de Levantar el Ánimo"

•Insulina "Encargada de Regular la Glucosa.

•Dopamina "Hormona del Bienestar"

•Melatonina "Hormona de Sueño"

•Exotoxina "Hormona del Amor"

•Cortisol "Hormona del Estrés"

*La MENTE INCONSCIENTE es la responsable de la conducta automática o programada, como: La Preservación de la especie y el apareamiento

* La MENTE INCONSCIENTE controla los instintos básicos de supervivencia; tales como: Comer, tragar, succionar, chupar, mamar, etc.

*La MENTE INCONSCIENTE Está diseñado para manejar la supervivencia desde un sistema binario: Huir o Pelear, Admitir o Repeler.

*La MENTE INCONSCIENTE está PROGRAMADA subjetivamente para RESPONDER o reaccionar a las SENSACIONES DE PLACER o DOLOR: Los seres humanos inevitablemente buscamos acercarnos e identificarnos más con aquellos estímulos sensoriales que nos producen PLACER. Por esta razón, es mucho más sencillo que las personas respondan más positivamente a sugestiones e inducciones asociadas al disfrute, a la aceptación y al placer, en vez de sensaciones multi sensoriales que le provoquen situaciones de huida, miedo o dolor. En otras palabras, el ser humano está PROGRAMADO subjetivamente para RESPONDER o reaccionar prácticamente ante dos (2) estímulos o respuestas hipnóticas posibles, que son:

1º Acercarnos y sugestionarnos hacia las recompensas que nos producen PLACER.

2º Alejarnos, para Evitar o eludir las consecuencias que nos provocan DOLOR.

*La MENTE INCONSCIENTE está relacionada con nuestros sentimientos; bien sean se alegría, tristeza, dolor, enojo, rabia, culpa, felicidad, depresión, entusiasmo. Es decir, la mente inconsciente tiene la capacidad de experimentar las emociones y expresar los sentimientos a través de expresiones físicas y fisiológicas.

*La MENTE INCONSCIENTE se le relaciona con las enfermedades Autoinmunes y los problemas Psicosomáticos. Síntomas que se somatizan a nivel físico; ocasionando un sin números de enfermedades. Así como la activación de respuesta de expresiones Psicosomáticas en ocasiones producidas por problemas emocionales.

*La MENTE INCONSCIENTE cumple una FUNCIÓN PROTECTORA. Que es la habilidad de protegernos contra infecciones, agentes externos, patógenos extraños bacterias y microorganismos. Así como también es la encargada de nuestros REFLEJOS e Instintos de Supervivencia.

*La MENTE INCONSCIENTE se le relaciona con el CEREBRO REPTILIANO y el TALLO CEREBRAL, que son las primeras en formarse en la escala evolutiva.

LA MENTE SUBCONSCIENTE:

La MENTE SUBCONSCIENTE es la Base de Datos o Disco Duro.

*La MENTE SUBCONSCIENTE es donde se registra toda la información multisensorial que entra en contacto con el ser humano a través de los 5 sentidos (Vista, Oído, Tacto, Olfato y Gusto).

*La MENTE SUBCONSCIENTE comienza vacía; y se va llenando de información en el transcurso de toda nuestra vida.

*En la MENTE SUBCONSCIENTE se registra de forma multisensorial todo lo que VEMOS, ESCUCHAMOS, SENTIMOS, OLEMOS y DEGUSTAMOS.

*La MENTE SUBCONSCIENTE

*La información de la MENTE SUBCONSCIENTE se graba y se registra en nuestras NEURONAS, creando así lo que llamamos SURCO NEURONAL o CONEXIONES NEURONALES siendo estas las causantes de nuestras programaciones mentales, hábitos, conductas y comportamientos antes ciertas manifestaciones, situaciones y acontecimientos de la vida.

*La MENTE SUBCONSCIENTE es la encargada de la MEMORIA permanente a corto, mediano o largo plazo.

*La MENTE SUBCONSCIENTE registra todo con lo que entramos en contacto, como si fuera una grabadora que graba, registra y funciona las 24 horas del día y de la noche. Y tiene la capacidad de almacenar más de 2500 años de información, es decir más de diez trillones de bites de información. TE ¿IMAGINAS EL PODER DE LA MENTE HUMANA? hasta ahora nada ha podido superar, ni siquiera igualar los poderes que subyacen en nuestro cerebro y en lo más profundo de la MENTE SUBCONSCIENTE.

*La MENTE SUBCONSCIENTE es la encargada de nuestro APRENDIZAJE CONTINUO. Es decir, que la mente subconsciente sigue aprendiendo y registrando nueva información constantemente cada día, todos los días, hasta el final de nuestros días

*La MENTE SUBCONSCIENTE es ANALÓGICA, codifica y procesa la información simultáneamente.

*La MENTE SUBCONSCIENTE es la Base de Datos o Disco Duro de la MENTE HUMANA y tiene la capacidad de registrar:

•Experiencias: Personas, Situaciones y Acontecimientos.

•Pensamientos: Positivos + o Negativos -.

•Emociones: Miedo-Valor, Alegría-Tristeza, Depresión-Felicidad.

•Recuerdos: Reales, Creados, Inducidos, Modificados o Distorsionados.

*La MENTE SUBCONSCIENTE es ILIMITADA e INFINITA. Y trabaja de forma conjunta, holística, integral y sinérgica con el INCONSCIENTE; y utiliza un 95 hasta un 98 % de nuestra capacidad cerebral.

*La MENTE SUBCONSCIENTE forma nuestra PERSONALIDAD y CONDUCTA a través de un conjunto de:

•Emociones, experiencias, recuerdos, aprendizajes y paradigmas (mapas de la realidad) que refuerzan, crean y modifican nuestros surcos neuronales o CONEXIONES NEURONALES que se convierten finalmente en nuestras programaciones mentales, hábitos y creencias que se fijan y se instalan en nuestro cerebro.

*La MENTE SUBCONSCIENTE puede ser bien sea, la encargada de la INTUICIÓN o Necesidad de Cambio; o la RESISTENCIA o Miedo a los Cambios.

*La MENTE SUBCONSCIENTE cumple la FUNCIÓN PROTECTORA de mantener toda la información registrada consciente y estable. Evitando así cualquier cambio brusco en nuestra personalidad sin ningún motivo aparente.

*La MENTE SUBCONSCIENTE estimula nuestras EMOCIONES para alcanzar necesidades. Y es la encargada de Bio Programar o Reprogramar los cambios necesarios, así como la creación o modificación de las conexiones neuronales cuando la ocasión así lo requiere. Y puede ser Bio Programadas o Reprogramadas de manera consciente e inconsciente, inducida o autoinducidas.

*La MENTE SUBCONSCIENTE se relaciona con el SISTEMA LÍMBICO o CEREBRO MAMÍFERO, que es el segundo en formarse en la etapa evolutiva, relacionada directamente con el HIPOTÁLAMO.

LA MENTE CONSCIENTE:

La MENTE CONSCIENTE es la que está PRESENTE AQUÍ y AHORA.

*La MENTE CONSCIENTE es la encargada de las funciones racionales, pensantes, lógicas y analíticas, relacionadas con los procesos intelectuales.

*La MENTE CONSCIENTE es la encargada de la Fuerza de Voluntad.

•Es la fuerza o energía que nos motiva y nos impulsa a comenzar a realizar los cambios o mantenernos en el mismo estado.

•Es la fuerza o energía impulsada por nuestras emociones, pensamientos y acciones.

•Es la fuerza o energía que se incrementa o se disminuye según nuestros estados emocionales, mentales y anímicos por lo que tiende a ser muy fluctuante, indeterminada y vacilante en ocasiones.

*La MENTE CONSCIENTE es la encargada de anticipar, planificar, actuar, ejecutar, desarrollar, controlar, determinar y tomar decisiones.

*La MENTE CONSCIENTE es LIMITADA representa solo el 2 a 5 % aproximadamente de nuestra capacidad cerebral (Es solo la punta de Iceberg).

*La MENTE CONSCIENTE trabaja en conjunto con los hemisferios cerebrales (hemisferio Izquierdo y hemisferio derecho de Cerebro)

*La MENTE CONSCIENTE procesa un promedio de solo unos 7 a 9 bit de información, lo que la hace limitada en ciertas ocasiones y circunstancias.

*La MENTE CONSCIENTE está relacionada con la consciencia, el lenguaje y los procesos físicos conscientes y voluntarios.

*La MENTE CONSCIENTE cumple la FUNCIÓN PROTECTORA de protegernos de los peligros inmediatos percibidos por los 5 sentidos.

*La MENTE CONSCIENTE es la encargada de CREAR nuestra REALIDAD posible inmediata.

*La MENTE CONSCIENTE está relacionada con el CEREBRO NEOCÓRTEX o Corteza Cerebral, que es el último en aparecer y evolucionar en la escala evolutiva.

EL FACTOR CRÍTICO o Factor Crítico de la Mente

El FACTOR CRÍTICO es el GUARDIÁN DE LA MENTE.

*El FACTOR CRÍTICO es el mecanismo de comparación de la MENTE.

•El Factor Crítico compara la nueva información de tu presente inmediato, con todo el registro de información almacenada en tu MENTE SUBCONSCIENTE y determina lo que debe o no debe entrar y ser programada o descodificada de tu MENTE CONSCIENTE.

*El FACTOR CRÍTICO es el guardián de la mente y la función cerebral que determina lo que acepta o rechaza de la información que recibe de su entorno y medio ambiente a través de los 5 sentidos.

*El FACTOR CRÍTICO funciona como filtro que evalúa la nueva información registrada a través de los canales multisensoriales, con el propósito de permitir o rechazar el almacenamiento de la nueva información procesada en nuestra MENTE SUBCONSCIENTE.

*El FACTOR CRÍTICO compara y evalúa las nuevas informaciones entrantes y lo relaciona y analiza con la información que ya tiene registradas y almacenadas. Si le hace sentido lo acepta, o de lo contrario, sino le hace sentido lo rechaza como medio de prevención y supervivencia. Y esto lo hace a un nivel mental, psicológico, emocional y físico de forma inconsciente.

*El FACTOR CRÍTICO es un mecanismo de comparación y evaluación continua y permanente entre la información registrada en la mente inconsciente y la mente subconsciente, con la información recién registrada, almacenada e ingresada por la mente consciente.

*El FACTOR CRÍTICO tiene como FUNCIÓN PROTECTORA resguardar y proteger la información almacenada en lo más profundo de la mente inconsciente y la mente subconsciente.

CAPÍTULO VI: CÍRCULO DE POTENCIA, NIVEL DE FUERZA, NIVEL DE AUTORIDAD O NIVEL SUPERIOR (FP)

Hola que tal mis apreciados lectores, hemos llegado a uno de los capítulos más importantes para aprender a dominar la HIPNOSIS como un profesional. Y es el amentar tú CÍRCULO DE POTENCIA y tú Nivel de Fuerza Mayor o Nivel de Autoridad a un NIVEL SUPERIOR (FP). Estas técnicas y conocimientos avanzados te permitirán desarrollar tus habilidades hipnóticas al siguiente nivel.

Esto quiere decir, que estos conocimientos y técnicas avanzadas te permitirán crear órdenes directas e indirectas, inducciones subjetivas y sugestiones efectivas de manera más óptima y eficaz en la escala ascendente de los NIVELES DE LA HIPNOSIS. Subiendo paulatinamente en los GRADOS DE HIPNOSIS MAYORES; logrando ascender desde un CÍRCULO DE POTENCIA o Nivel de Fuerza Menor, a un Nivel de Autoridad Mayor o GRADO y NIVEL SUPERIOR de HIPNOSIS. Lo que te permitirá literalmente ir ascendiendo gradualmente desde un FP0, FP1, FP2, hasta FP5, FP6, FP7 y superiores. Lo que te facultará generar ciertos FENÓMENOS HIPNÓTICOS que de otra manera fuera imposible provocar, sin el conocimiento previo de estas técnicas avanzadas.

Este principio es uno de los ELEMENTOS AVANZADOS MÁS IMPORTANTES para tener en cuenta a la hora de PROFUNDIZAR e INDUCIR ESTADOS HIPNÓTICOS EN LOS GRADOS o NIVELES MÁS ELEVADOS DE LA HIPNOSIS. Por tal razón, he escrito todo un capítulo completo sobre este punto en particular, así que sin más preámbulos comencemos.

En la PRÁCTICA DE LA HIPNOSIS, se ha comprobado que CADA ORDEN que se le da al sujeto (paciente o participante) tiene la FUERZA ACUMULATIVA de todas las inducciones y sugestiones anteriores, que se le han dado. Este proceso acumulativo de sugestiones, inducciones, órdenes directas e indirectas, patrones hipnóticos y comandos encubiertos aumentará tú CÍRCULO DE POTENCIA y tú Nivel de Fuerza a un Nivel de Autoridad Mayor; es decir, a un NIVEL o GRADO SUPERIOR de HIPNOSIS más avanzada que te permitirá desarrollar tus habilidades hipnóticas de manera más poderosa; bien sean en tus sesiones de hipnosis terapéutica o en tus shows de hipnosis de espectáculos.

Ahora para continuar y profundizar más en este tema; lo primero que voy a explicarte son los diferentes GRADOS o NIVELES DE LA HIPNOSIS. Los Grados o Niveles Hipnóticos se les conocen como "FP". El dominio de los "FP" es lo que te permitirá ir ascendiendo en tu CÍRCULO DE POTENCIA o tú Nivel de Fuerza a un Nivel de Autoridad Mayor. Es decir, a un NIVEL SUPERIOR en los GRADOS o NIVELES de la HIPNOSIS. En otras palabras, los "FP" son la INFLUENCIA que tienes y el PODER PERSUASIVO que ejerces en la práctica real, al momento de generar órdenes, sugestiones e inducciones hipnóticas.

LOS GRADOS o NIVELES DE LA HIPNOSIS

FP0.- Es el primer GRADO o NIVEL de la HIPNOSIS, es decir es el estado sugestionable en el que nos encontramos en todo momento. Se puede decir que es el estado de vigilia en la que estamos alerta de toda la información que llega a nosotros a través de los 5 sentidos, y estamos lo conscientemente atentos como para aceptar o no una idea, opinión o sugerencia que recibimos en nuestro entorno.

FP1.- El GRADO o NIVEL FP1 es cuando comenzamos nuestro proceso comunicativo; es decir, cuando comenzamos sutilmente a transmitir en nuestras conversaciones nuestras ideas, opiniones o sugerencias, de tal manera que las personas con quienes entramos en contacto comienzan a aceptarlas de manera consciente. Te daré DOS (2) EJEMPLOS: 1º Es el "FP" más común; es el "FP1" que utilizamos a diario en nuestras conversaciones, lo que nos permite comunicar nuestras ideas, pensamientos, sentimientos, opiniones o sugerencias a las personas o sujetos con quienes entramos en contacto y nos relacionamos a diario, bien sean estos amigos, conocidos, familiares y hasta extraños. Y esto sucede de forma y manera inconsciente muchas veces, cuando por ejemplo pedimos la hora a un completo extraño y esta nos responde amablemente, cuando sugerimos una película a un buen amigo y este accede a verla gustosamente, cuando le compartimos a una persona cercana un pensamiento o un sentimiento y somos escuchados, y finalmente cuando compartimos una idea en un grupo, en nuestro trabajo o centro de estudio y esta es recibida y aceptada por todos ¿COMPRENDES LA IDEA VERDAD? Es decir, que el "FP1" es el NIVEL o GRADO de HIPNOSIS en el que influimos; y por el cual, al mismo tiempo somos influenciados diariamente en nuestras interacciones y conversaciones con los demás. - En el 2º EJEMPLO, se aplica el "FP1" a la HIPNOSIS como tal. Por ejemplo, cuando comenzamos nuestro proceso hipnótico con un sujeto (paciente o participante) y empezamos a alcanzas un nivel de fuerza o influencia positiva en la persona; de tal manera que el sujeto con quien estamos interactuando comienza a acceder a nuestras sugerencias, lo que nos permite comenzar a darles órdenes básicas y este empieza a aceptar nuestras sugestiones y a dejarse llevar voluntaria y conscientemente por las inducciones que les damos. En este punto, le puedes ordenar al (paciente o participante) que cierre los ojos, y este lo hará. Le puedes sugerir que sus parpados comienzan a estar más y más cansados y pesados; y que a medida que se relaja profundamente, y se deja llevar por esta sensación de bienestar sus ojos comenzaran a parpadear más y más frecuentemente, hasta sentir el deseo y la necesidad de cerrarlos por completo. Y una vez cerrados sus ojos estarán tan relajados, que ya no podrá abrirlos. En este punto, si el sujeto siguió nuestras instrucciones correctamente, la persona puede intentar abrir los ojos, pero no podrá hacerlo, ya que ha aceptado la sugestión de que están tan relajados y pegados que se les hace normal no poder abrir los ojos, lo que le permite sumergirse más y más en el estado hipnótico deseado "FP1" y se abre a ser introducido a un Nivel de Fuerza a un Nivel de Autoridad Mayor. Es decir, a un NIVEL SUPERIOR de "FP2" ¿Ahora ya comprendes la idea verdad? Esto es lo que conocemos como CÍRCULO DE POTENCIA "FP". Es decir, este es el primer grado o nivel hipnótico, el "FP1".

FP2.- El "FP2" es cuando alcanzas un Nivel o Grado de Fuerza a un Nivel de Autoridad Mayor en la HIPNOSIS. Es decir, que aumentas tu CIRCULO DE POTENCIA o NIVEL SUPERIOR de INFLUENCIA y PERSUASIÓN sobre el sujeto, de manera que puedes ordenarle a su MENTE SUBCONSCIENTE que comience a MOVER UNO DE SUS DEDOS o a LEVITAR UNA DE SUS MANOS. Y la persona en cuestión; puede empezar a sentir según sea el caso o la orden recibida, bien sea a comenzar a sentir el temblor de unos de sus dedos, o sentir literalmente como empieza a flotar una de sus manos de forma INCONSCIENTE, solo a través del poder de su MENTE SUBCONSCIENTE y su capacidad de IMAGINAR y RECREAR la situación que le hemos ordenado.

Por lo que a este grado o nivel de INFLUENCIA y PERSUASIÓN ejercida sobre el sujeto, puedes decirle u ordenarle algo cómo: Quiero que comience a notar como uno de "Tus dedos se empieza a mover", o una de "Tus manos comienza a levitar", vas a notar como uno de "Tus dedos comienza a temblar" o una de "Tus manos empieza a flotar" y literalmente si la persona en cuestión ha seguido nuestras instrucciones previamente; y ha accedido a seguir nuestras ordenes con anterioridad, lo más seguro es que en el dedo del sujeto se comenzara a producir una leve sensación de temblor y sentirá como empieza a mover el dedo, o en el caso de la levitación del brazo, comenzara a sentir como poco a poco el brazo le obedece, hasta el grado de levantarlo completamente solo con el poder de su MENTE SUBCONSCIENTE y su capacidad de IMAGINAR y RECREAR la situación.

A tal grado será su nivel de hiper sugestionabilidad, que esta le obedece y cumple la orden recibida y crea esa realidad subjetiva; de tal manera, que, aunque el sujeto quisiera no mover el dedo o bajar el brazo ya no podrá hacerlo, porque ya ha aceptado la orden subconscientemente y su MENTE produjo el efecto esperado. Lo cual es algo que impresiona muchísimo a los sujetos (pacientes o participantes), pues están experimentando un FENÓMENO HIPNÓTICO REAL que le permite tener mayor control sobre su MENTE SUBCONSCIENTE; es decir que les permite tomar mayor control sobre sí mismo, al grado de hacer realidad la orden establecida; y experimentar el estado hipnótico deseado "FP2". Lo que abre la puerta a un Nivel de Fuerza a un Nivel de Autoridad Mayor. Es decir, a un NIVEL SUPERIOR de "FP3" ¿Viste que interesante y poderoso es comprender estos conceptos y aplicarlos correctamente? Esto amigos míos, es lo que conocemos como CÍRCULO DE POTENCIA "FP". Es decir, este es el segundo grado o nivel hipnótico, el "FP2".

FP3.- Para seguir con la idea anterior, podemos afirmar contundentemente que el "FP3" es un Nivel o Grado de Fuerza Superior de un Nivel de Autoridad Mayor que la anterior "FP2". Es decir, que el "FP3" aumenta considerablemente el CIRCULO DE POTENCIA o NIVEL SUPERIOR de INFLUENCIA y PERSUASIÓN sobre el sujeto y así sucesivamente ¿Ves lo que quiero decir? Que a medida que vas subiendo en los GRADOS o NIVEL de "FP" tú poder de INFLUENCIA y PERSUASIÓN ejercida sobre el sujeto va aumentando también, ¿Escuchaste bien lo que estoy diciendo? Al incrementar tu "FP" aumentar también tu PODER HIPNÓTICO.

FP3, FP4, FP5.- A partir de los GRADOS o NIVELES de HIPNOSIS "FP3", "FP4" "FP5" se comienzan a producir los mayores FENÓMENOS HIPNÓTICOS. Es decir, en estos GRADOS o NIVELES de HIPNOSIS "FP3", "FP4" "FP5" es donde se comienza a ejercer un mayor control sobre la MENTE SUBCONSCIENTE del sujeto, y se producen los fenómenos de TRANCE HIPNÓTICO LEVE o SUPERFICIAL Z1, el TRANCE HIPNÓTICO MEDIO o CATALÉPTICO Z1-Z2 y TRANCE HIPNÓTICO UMBRAL o SONAMBÚLICO Z2. De tal manera, que la MENTE SUBCONSCIENTE del sujeto comienzan a seguir más fácilmente las órdenes, instrucciones, sugestiones e inducciones que le da el HIPNOTIZADOR.

Y es a partir de aquí, mis apreciados lectores, donde comienzan a producirse los verdaderos recursos persuasivo en la comunicación hipnótica. Ya que estos GRADOS o NIVELES de HIPNOSIS "FP3", "FP4" "FP5" son quien nos permiten asociar subconscientemente un estado mental deseado o estado de consciencia alterado a un hecho cotidiano, que permite al sujeto (paciente o participante) estimular potencialmente su REALIDAD ALTERNA SUBJETIVA ayudándole de esta manera, a conseguir estimular y desarrollar respuestas ideo motoras, ideo sensoriales, e ideo-emocionales a un nivel inconsciente superior y provocar activar su REALIDAD ALTERNA SUBJETIVA; y de esa forma, es mucho más receptivo el poder del sujeto (paciente o participante) para recibir la [guía, instrucción, sugerencias, sugestiones hipnóticas, inducciones y órdenes directas o indirectas] que le estamos estableciendo.

Estos GRADOS o NIVELES de HIPNOSIS "FP3", "FP4" "FP5" son procesos hipnóticos, que están estrechamente relacionados a ciertas técnicas avanzadas de inducciones y sugestiones verbales usadas estratégicamente por los especialistas, sean estos hipnólogos clínicos (hipnoterapeutas) o hipnotistas de show de teatro (hipnotizadores callejeros), para causar ciertos fenómenos hipnóticos de mayor nivel en el individuo. Como la atención del sujeto (paciente o participante) se enfoca en el poder de la palabra hablada del HIPNOTIZADOR; este eventualmente a través de las sugestiones verbales y las inducciones hipnóticas se sobre imponer a la voz interior del sujeto en cuestión, ayudándole a desarrollar respuestas de "hiper sugestionabilidad", "hiper creatividad", "hiper imaginación" "hiper concentración" e "hiper relajación". Convirtiéndose todos estos elementos en una herramienta efectiva para conseguir el ESTADO HIPNÓTICO DESEADO, en la que el individuo entra en un estado amplificador de respuesta o profundizador de las experiencias sugestivas que le permite al sujeto (paciente o participante) experimentar transformaciones personales de un modo mucho más eficaz, efectivo y de manera más sencilla, que si realizara el mismo procedimiento hipnótico en el ESTADO de ALERTA o ESTADO de VIGILIA.

FP5, FP6, FP7.- (También llamados "ESTADOS HIPNÓTICOS MAYORES") ya que se les consideran en la HIPNOSIS como uno de los GRADOS o NIVELES más ALTO o SUPERIORES de los que se puede alcanzar. En estos GRADOS o NIVELES de "FP" se ha logrado alcanzar un dominio sobre el cuerpo y la mente del sujeto. Y es aquí, mis apreciados lectores donde tenemos la faculta de poder ordenar al sujeto a cacaraquear cómo una gallina si así lo quisieras; y la persona cumpliría la orden sin objeción ¿Qué interesante cierto? - Aunque como es lógico; claro está, estos niveles o grados tienen también muchos otros usos más prácticos e interesantes. COMO, POR EJEMPLO: Los monjes tibetanos y budistas; usan este poder, GRADOS o NIVELES de HIPNOSIS "FP5", "FP6" y "FP7" para darse la orden de ir caminando de una ciudad a otra sin cansarse. Y así, sus cuerpos van en "automático" caminando, mientras sus mentes pueden estar soñando, meditando, o pensando en cualquier otra cosa. Y así, sus cuerpos llegan en perfecto estado hasta su lugar de destino, mucho más rápido que como lo harían normalmente; y además lo hacen sin cansancio o fatiga física, puesto que en estos estados el cuerpo se mantiene en un total predominio parasimpático. Es decir, en un "estado de hiper concentración" (ONDAS ALFA / ALPHA = Entre 8 a 13 Hz, ciclos por segundo o cps) y un "estado de descanso" de y de "hiper relajación" (ONDAS ZETA / THETA = Entre 4 a 7 Hz, ciclos por segundo o cps). ¿Comprendes ahora el poder que tienes en tus manos, al aprender a dominar estos GRADOS o NIVELES de HIPNOSIS "FP5", "FP6" y "FP7"?

Estos GRADOS o NIVELES de HIPNOSIS "FP5", "FP6" y "FP7" son ideales también para activar los Sueños Lúcidos, realizar Viajes Astrales o intentar Experiencias Extracorporales; puesto que en estos ESTADOS HIPNÓTICOS o ESTADOS ALTERADOS DE CONSCIENCIA, la mente tiene un mayor control sobre el cuerpo físico y etéreo; de una manera, mucho más transcendental, que como lo haría conscientemente en el ESTADO ALERTA o ESTADO DE VIGILIA.

FP8, FP9, FP10.- (También llamados "ESTADOS HIPNÓTICOS DE ALTO NIVEL"). Los siguientes GRADOS o NIVELES de HIPNOSIS "FP8", "FP9" "FP10" son lo ESTADOS ALTERADOS DE CONSCIENCIA que en los Colegios de Hipnosis se considera "Imposible". Las teorías de los GRADOS o NIVELES de HIPNOSIS "FP8", "FP9" "FP10" considera y afirma que el estado hipnótico es un estado real, único, separado y distinto del estado normal de vigila. Por tal razón, estos estados hipnóticos, grados o niveles de hipnosis "FP8", "FP9" "FP10" puede ser creado y producido artificialmente mediante el proceso correcto de inducción hipnótica, que altera la experiencia subjetiva y fenomenológica de la persona en cuestión.

Esta teoría afirma que al amentar el CÍRCULO DE POTENCIA y los Niveles de Fuerza Mayor a un Nivel de Autoridad o NIVEL SUPERIOR (FP) permitirá al especialista (hipnotista callejero, hipnotizador de espectáculo, hipnólogo clínico o hipnoterapeuta) a desarrollar sus habilidades hipnóticas al siguiente nivel; limitando así, el factor crítico de la mente del sujeto (paciente o participante) y alterando la atención consciente del individuo a través de las sugestiones e inducciones que se les ofrecen ascendente y progresivamente.

Esta teoría de los niveles de hipnosis "FP8", "FP9" "FP10" también afirma que hay múltiples sistemas cognitivos que normalmente trabajan de forma sinérgica y holística bajo un control primario. Y que, durante la HIPNOSIS, los subsistemas normalmente integrados entre sí se disocian unos de otros a diversas escalas y son capaces de dar respuestas simultáneas e independientes a múltiples grados de consciencia alterada, ante las órdenes, sugestiones e inducciones declaradas por el hipnotizador.

GRADOS y NIVELES DE LA HIPNOSIS "continuación"

Bueno mis apreciados lectores como, hemos aprendido en los apartados anteriores, a medida que como especialista (hipnotista callejero, hipnotizador de espectáculo, hipnólogo clínico o hipnoterapeuta) aumentamos nuestro CÍRCULO DE POTENCIA o Nivel de Fuerza a un Nivel de Autoridad Mayor o NIVEL SUPERIOR de HIPNOSIS. Nos facultamos a nosotros mismo literalmente; a ir escalando o ascendiendo gradualmente desde los niveles FP0, FP1, FP2, hasta los grados FP5, FP6, FP7 y superiores. Lo que nos permitirá generar ciertos FENÓMENOS HIPNÓTICOS que de otra manera son imposible provocar, sin el conocimiento previo de estas técnicas avanzadas.

Es decir; campeones y campeonas, siguiendo con la idea de los apartados anteriores. Uno por más especialista que sea en algunas de las especialidades o disciplinas de la hipnosis, bien sea (hipnotista callejero, hipnotizador de espectáculo, hipnólogo clínico o hipnoterapeuta), no podríamos coger a una persona en medio de la calle al azar, y luego ordenarle directamente que se ponga a cacarear como una gallina o mandarle a que se relaje profundamente y que se DUERMA... ¡Porque esta persona probablemente, No lo hará! ¿Cierto?...

Sin embargo, si el sujeto, bien sea un (participante o paciente) está dispuesto a colaborar voluntariamente con nosotros en un show de hipnosis de espectáculo o en una sesión de hipnosis clínica; y tú como HIPNOTIZADOR, has seguido previamente todos los pasos anteriores que te he enseñado, y has aumentado progresivamente tu CÍRCULO DE POTENCIA o Nivel de Fuerza a un Nivel de Autoridad Mayor en los NIVELES SUPERIORES de la HIPNOSIS. Es más probable en aquel momento, que el sujeto en cuestión (participante o paciente), si ha demostrado su disposición a seguir tu [guía, instrucción, órdenes y sugerencias] y le has llevado correctamente por el proceso pre hipnótico adecuado; entonces, es ahí, en ese preciso momento amigo mío, que si le mandas a realizar algo sencillo, como por ejemplo CERRAR SUS OJOS, RESPIRAR (inhalar o exhalar profundamente) y luego lo invitas a RELAJARSE y a profundizar en esa experiencia, te aseguro que lo hará. Una vez que hayamos logrado ese primer paso, ganándonos su confianza, y le hallemos dado otras pequeñas [sugestiones hipnóticas e inducciones indirectas] muy sutiles que haya aceptado poco a poco. La MENTE SUBCONSCIENTE del sujeto (participante o paciente) entonces comenzara a estar más predispuesta a recibir nuestras órdenes cada vez más. Y si en ese preciso momento le ordenamos de un modo muy sutil pero directo que cacaraquee como una gallina esa persona SI que lo hará ¿verdad? Por supuesto que sí lo hará; y las razones por la cual lo hará, son porque al recibir orden más pequeña, y después de haber aceptado las sugestiones anteriores, se predispuso inconscientemente a aceptar órdenes de mayor intensidad. Y esto mis queridos lectores es HIPNOSIS EN POTENCIA.

Y si luego, para seguir con la idea anterior. Le siguieres otra inducción sencilla, y luego otra, y luego otra también pequeña y sencilla. Cuando ya has realizado varias de estas inducciones; y hayas alcanzado un buen Nivel de Fuerza, y un buen Nivel de Autoridad Mayor favorablemente. Puedes ordenarle que comience a sentir como su brazo comienza a levitar, y a sentir poco a poco como cada vez más su brazo se comienza a levantar, flotar y levitar suavemente; solo hasta entonces, su brazo se comenzara a levantarse, flotar y levitar. Porque ya se ha predispuesto a seguir tus indicaciones, lo que le permite entrar en un estado de hiper sugestionabilidad que le faculta experimentar los fenómenos hipnóticos que les estas induciendo. Y si luego sigues dándole órdenes directas, sugestiones subjetivas e inducciones más o menos de ese mismo nivel, se irán cumpliendo cada una de ellas cómo parte de un todo. Y si, entonces, ya el sujeto (paciente o participante) está completamente abierto a tus inducciones y sugestiones, y le dices que se RELAJE PROFUNDAMENTE y luego le das la orden de que se DUERMA y les dices con una voz sutil, pero con autoridad DUÉRMETE ¡Entonces esa persona, si está en el estado hipnótico deseado, la orden es aceptada por su MENTE SUBCONSCIENTE, así que lo hará! Y cumplirá tu orden ¿Comprendes?

Ahí tienes TODO el "SECRETO" de la HIPNOSIS. - PRIMERO haces que la persona se relaje, se concentre en su respiración (inhalación y exhalación) y entre en el ESTADO ALFA. Luego comienzas a darle órdenes sencillas. Al principio a través de inducciones pequeñas, pero luego vas haciendo que esas sugestiones sean cada vez más grandes. Finalmente, cuando el sujeto (paciente o participante) se adentra en la experiencia hipnótica que está viviendo, le comienzas a dar órdenes, inducciones y sugestiones de un Nivel de Fuerza y un Nivel de Autoridad Mayor; ya que, su MENTE SUBCONSCIENTE está preparada y abierta a obedecerte, así que lo hará. ¿Te das cuenta?

Lo bueno, campeones y campeonas es que esas órdenes o inducciones NO necesariamente tienes que ser sugestiones "Directas". Ya que las órdenes, las inducciones y las sugestiones "pequeñas" pueden ser cosas tan sencillas y fáciles de realizar o seguir como decirle al sujeto que "Al escuchar mi voz, una parte de tu cuerpo se comenzará a relajar ahora mismo, entre más y más te concentras en mi voz, más y más comenzaras a sentir como disfrutas de este estado de relajación profunda, y más y más placentero y relajado te sentirás, y más y más disfrutarás de la experiencia, tanto así que esa relajación te hará sentir muy agradable y entraras en un estado de hipnosis cada vez más y más profundo ahora" ¿Te has fijado?

UNA DE LAS CLAVES QUE TIENES QUE TENER SIEMPRE PRESENTE ES QUE: Cuando una persona entra en los estados de (ONDAS ALFA / ESTADO ALPHA = Entre 8 a 13 Hz, ciclos por segundo o cps) su cuerpo comienza a relajarse por sí solo. Con lo que teniendo este principio en cuenta; podrás decirle al sujeto en cuestión con toda seguridad que: "A medida que escucha tu voz, una parte de su cuerpo se comenzará a relajar ahora mismo" y de SEGURO que hay alguna parte de su cuerpo que ya se ha comenzado a relajar o que ya se está relajando. Así que su subconsciente de manera intuitiva encuentra esa parte de su cuerpo que esta relajada o que se está relajando; y como el SUBCONSCIENTE es Muy Literal (CREE que se está relajando por la "ORDEN del HIPNOTIZADOR"). Y pufs el fenómeno hipnótico comienza a ocurrir. Luego cuando le sugieres la siguiente orden "Yo te ordeno que esa relajación sea cada vez más y más agradable y placentera", entonces el subconsciente (Escucha tu orden, observa que se está produciendo tu predicción y siente como cada vez se siente más y más relajado; y que esa relajación es cada vez más y más placentera y agradable) y ¡Claro que es Placentera! ¡Toda Relajación es Agradable! Pero el subconsciente no lo sabe, y lo más importante NUNCA "cuestiona la orden" cuando es transmitida correctamente. Por lo que piensa jamás cuestiona si (esa sensación de bienestar lo hace el consciente mismo de la persona que acepta la sugestión), sino que simplemente el subconsciente sigue la orden y la obedece. Y cómo VE, SIENTE y PERCIBE MULTI-SENSORIALMENTE que eso es verdad, que la relajación se está produciendo en ese mismo instante, y que está siendo cada vez más y más agradable y placentera; entonces nuevamente vuelve a (CREER que tú lo ordenaste, y hace que se incremente ese estado de relajación en la persona) ¿Vas comprendiendo lo sencillo que es, si haces todo correctamente?

Luego para continuar con la inducción y PROFUNDIZAR el estado hipnótico deseado puedes continuar diciendo algo como "Al mismo tiempo que te relajas, yo te ordeno que tu respiración se valla haciendo cada vez más y más calmada, más y más serena cada vez". - "Cada vez que inhales, respirarás de forma más y más tranquila, y así con cada respiración que hagas, hará que tu trance hipnótico sea cada vez más y más profundo y placentero para ti". ¿Qué crees que ocurre cuando se da esa orden? Bueno, que el cuerpo como ya está en los estados de (ONDAS ALFA / ESTADO ALPHA = Entre 8 a 13 Hz, ciclos por segundo o cps) significa que ya está relajado automáticamente. Y cuando el cuerpo se relaja, la respiración por si misma SIEMPRE es más tranquila, relajada, profunda y serena. Pero como el subconsciente está escuchando lo que tú dices, él piensa que es a través de las órdenes que lo que tú le estas dando, lo que hace "cumplir la orden" y por tanto el subconsciente nuevamente asocia tus ordenes con los resultados; y pufs el fenómeno hipnótico comienza a ocurrir de nuevo, y el subconsciente (CREE que "tú estás al mando" que "tú estás dando las órdenes" con lo que SE CUMPLE el segundo mandato de que "Cada vez que respiras, te sientes cada vez más y más relajado y que entre más y más relajado te sientes, más y más hipnotizado estas, y entre más y más hipnotizado estas, más y más entran en un estado hipnótico profundo, tan profundo, placentero y agradable como el sueño mismo". Lo que te hace sentir un SUEÑO profundo; y ese SUEÑO profundo te induce a DORMIRTE AHORA MISMO, así que DUERME) ¿Comprendes el poder de la sugestión? ¿Ahora ya entiendes el poder de aumentar e incrementar tu CÍRCULO DE POTENCIA o Nivel de Fuerza a un Nivel de Autoridad Mayor en los NIVELES SUPERIORES de la HIPNOSIS?

Como hemos podido aprender hasta el momento. El proceso hipnótico; así como los fenómenos hipnóticos y la capacidad hiper sugestionable del subconsciente de aceptar órdenes; es tan simple, como el hecho de implementar las órdenes correctamente en el CÍRCULO DE POTENCIA o Nivel de Fuerza adecuado. Es decir, efectuar las órdenes acertadamente en los Niveles de Autoridad Mayor; o sea, en los NIVELES SUPERIORES de la HIPNOSIS en los momentos oportunos y en las circunstancias adecuadas y más favorables para el momento ¿Estás de acuerdo verdad?

Cómo hemos podido comprobar hasta ahora, mis queridos y apreciados lectores, es muy sencillo aumentar progresivamente nuestro CÍRCULO DE POTENCIA o Nivel de Fuerza a un Nivel de Autoridad Mayor en los NIVELES SUPERIORES de la HIPNOSIS. Así que mi invitación es que te pongas manos a la obra, comiences a tomar acción y hacer que las cosas sucedan. Y te aseguro que pronto te convertirás en el mejor HIPNOTIZADOR que puedes llegar a SER. Así que sin más preámbulos continuemos con el siguiente capítulo.

CAPÍTULO VII TÉCNICAS BÁSICAS DE PROGRAMACIÓN NEUROLINGÜÍSTICA APLICADA A LA HIPNOSIS PSICOLINGÜÍSTICA O HIPNOSIS CON PNL

CALIBRACIÓN: La CALIBRACIÓN en la HIPNOSIS es la capacidad de observar y reconocer en forma precisa y gradual el ESTADO MENTAL y EMOCIONAL de una persona. Y conocer cuando esa misma persona está pasando de un estado a otro. En otras palabras, CALIBRAR en la HIPNOSIS es detectar los distintos ESTADOS MENTALES y EMOCIONALES INTERNOS. Así como las micro expresiones faciales y corporales que las personas reflejan en un momento determinado. La CALIBRACIÓN se produce partir del reconocimiento de los distintos indicadores externo con que las personas expresan su mundo interno a través de los cambios producidos en su fisiología comprendiendo así, su mapa mental en un estado hipnótico específico.

Es importante destacar en este punto que todo comportamiento o conducta humana; supone una actividad neurológica que está determinada por los SENTIMIENTOS, EXPERIENCIAS, SENSACIONES INTERNAS, PENSAMIENTOS, MAPAS o MODELOS DEL MUNDO. Y que, por tal razón, puede ser detectada y (reconocidas). Siendo la CALIBRACIÓN una de las técnicas más efectivas de la PNL aplicada a la HIPNOSIS, creada y desarrollada para tal fin.

El CALIBRADO adecuado en la práctica de la HIPNOSIS con PNL, permite intuir acertadamente, lo que está teniendo lugar en el interior de la persona (Pensamientos y Emociones) y desde allí, poder acompañarlo en el proceso hipnótico. Esta etapa representa una gran oportunidad para llevar a cabo una Sugestión Positiva, o aplicar los Patrones Hipnóticos Persuasivos cuando la ocasión así lo requiera.

Las personas que deseen utilizar correctamente la técnica de la CALIBRACIÓN en la HIPNOSIS deben primeramente aprender a "Identificar las diversas expresiones del lenguaje tanto (Verbal como el no Verbal)". Igualmente debe aprender a "Reconocer los diferentes estados mentales y emocionales y la discrepancia entre pensamientos y emociones, bien sean negativas y positivas". Para ello es de vital importancia reconocer los cambios neurofisiológicos que se producen en el interior de la persona en estados de trance, y que se reflejan exteriormente a través de pequeñas y sutiles micro expresiones faciales y corporales tanto conscientes como inconscientemente.

Para desarrollar nuestra capacidad de CALIBRACIÓN a un nivel superior hay que aprender a identificar de manera integrada las diversas señales que se van presentando sutilmente en la persona tales como son: El lenguaje corporal y micro facial, el ritmo de la respiración "si es profunda o artificial, pectoral o abdominal" entre otros. Para dominar el arte de la CALIBRACIÓN en la HIPNOSIS, se necesita ir desarrollando gradualmente la experiencia en el reconocimiento de los movimientos oculares, la dilatación de la pupila, así como aprender a detectar los diferentes tonos de voz, el ritmo cardiaco, las contracciones inconscientes de la piel y los poros entre otros factores.

Por consiguiente; para lograr ese objetivo en las sesiones de hipnosis, se debe primeramente propiciar un ambiente adecuado de armonía, paz, tranquilidad y confianza, que nos permita observar el lenguaje verbal y no verbal de la persona. Para que, por este medio, podamos detectar y reconocer los "Niveles o Grados de HIPNOSIS" por lo que está pasando el sujeto en cuestión. Fijándonos tanto en sus gestos, como en las posturas; esto puede ayudarnos a CALIBRAR su estado interno al descubrir el comportamiento y la conducta asociada a dicho estado mental y emocional. Y de esta manera, entrar en sintonía y rapport más efectivamente con él.

Guía para Identificar los Cambios y los Estados Emocionales dentro de los ESTADOS HIPNÓTICOS

LA RESPIRACIÓN

- Ritmo "Equilibrado o Descontrolado" - "Lento o Suave"

- Forma "Abdominal o Pectoral"

- Volumen "Suficiente o Insuficiente"

MOVIMIENTOS OCULARES

- Vr: Hacia arriba, en dirección a la izquierda.

- Vc: Hacia arriba, en dirección a la derecha.

- Ar: Lateralmente hacia la punta final del lado izquierdo del ojo.

- Ac: Lateralmente hacia la punta final del lado derecho del ojo.

- K: Hacia abajo, en dirección a la derecha.

- DI: Hacia abajo, en dirección a la derecha

DILATACIÓN

- De la "Pupila", del "Labio Inferior"

MICRO-EXPRESIONES FACIALES

- "Ademanes o Gestos" de Duda, Miedo, Temor, Ira, Inquietud, Tensión, Relajación, Emoción, Alegría, seguridad, Felicidad, Paz, Amor y Armonía.

POSTURA CORPORAL

- "Simetría" "Orientación" "Inclinación o Ladeo"

POSICIÓN DE LA CABEZA, MOVIMIENTOS DE LAS MANOS

- "Movimientos de Afirmación" "Movimientos de Negación"

- "Gestos con las Manos y los Dedos"

TONO MUSCULAR

- "Tensionado o Relajado" "Gestual y Expresivo"

TEMPERATURA, HUMEDAD DE LA PIEL y COLORACIÓN

•Transpiración "Sudoración Dilatación y Coloración de los Poros"

LA VOZ

•Ritmo "Pausado o Acelerado"

•Timbre "Agudo o Grave"

•Tono "Suave o Áspero"

•Volumen "Alto o Bajo"

SUBMODALIDADES o PREDICADOS VERBALES

•Visual "Percibe su MAPA a través de lo que VE y puede Observar"

•Auditivo "Percibe su MAPA a través de lo que OYE y puede Escuchar"

•Kinestésico "Percibe su MAPA a través de lo que TOCA o puede Sentir"

REENCUADRE: Esta estrategia utilizada en la HIPNOSIS con PNL consiste en modificar el MARCO DE REFERENCIA, mediante el cual una persona percibe los hechos, situaciones o contextos. El REENCUADRE entonces, nos permite cambiar de esta manera el significado original de una experiencia hipnótica que se haya tenido o se esté experimentando; permitiendo así, crear una nueva realidad.

En otras palabras, el REENCUADRE en la HIPNOSIS es la capacidad de aprender a ubicar el posible marco de referencia de una persona a través del recuerdo, así como también de la imaginación, con la intención de cambiar el significado de un determinado MARCO DE REFERENCIA, bien sea de un acontecimiento vivido, experimentado o creado a través de la HIPNOSIS. Cambiando así; el tamaño, olor, color, sabor, forma, dimensión, clima, entre otras percepciones sensoriales. Permitiendo de esta manera, cambiar el estado emocional, las respuestas, las conductas y el comportamiento de un determinado individuo, llevando así a la persona a establecer una nueva comprensión, significado o realidad de la situación experimentada dentro del trance hipnótico, generando como respuesta una NUEVA y MEJOR EXPERIENCIA HIPNÓTICA POSITIVA con relación al mismo suceso.

En otro orden de idea; la técnica de REENCUADRE aplicada a la HIPNOSIS permite reinducir y redirigir de manera subjetiva las conductas y comportamientos no deseados de las personas, con la intención de captar los estados anímicos y emocionales del sujeto. Y luego conducir a esa misma persona a un "ESTADO ALTERADO DE CONCIENCIA MÁS ELEVADO" y así mejorar su MARCO DE REFERENCIA de manera más asertiva y positiva en el ESTADO DE TRANCE HIPNÓTICO DESEADO.

De esta forma, logramos llegar más fácilmente al subconsciente de la persona, ayudándole a cambiar de manera más óptima, positiva y efectiva una determinada forma de pensar, sentir o actuar, bien sea de un acontecimiento, comportamiento o situación, y permitirle darle una nueva y mejor orientación de sentido a la situación.

Voy a compartir con ustedes un EJEMPLO para ilustrar la idea anterior. Si conoces un poco de arte; te podrás haber dado cuenta que el artista, al crear su obra maestra, no solamente juega con la creatividad de su pintura, sino que al momento de exhibirla sabe que el MARCO tendrá mucha influencia en el resto del cuadro.

Es decir; que, si él quiere resaltar una parte específica de su obra, solo tendrá que ENMARCAR su pintura con un MARCO que permita subjetivamente a las personas centrar su mirada en un punto determinado. POR EJEMPLO, si el MARCO del cuadro es Rojo, resaltará en la pintura todo lo que sea de tonalidad rojiza.

De igual manera, sucede con la técnica de REENCUADRE. Utilizada correctamente en la HIPNOSIS, puede cambiar el MARCO DE REFERENCIA de la experiencia de una persona, provocándole un cambio de perspectiva radicalmente diferente de la misma situación, creando así un nuevo MAPA MENTAL o una NUEVA REALIDAD ante la misma escena.

La técnica de REENCUADRE tiene muchas aplicaciones. POR EJEMPLO: Dentro del proceso de TRANCE HIPNÓTICO se puede aplicar la técnica del REENCUADRE; concientizando a la persona, haciéndole ver que cuenta con todos los recursos que necesita para cambiar de actitud en una determinada actividad, en la cual presente dificultades. Se puede lograr, resaltando la parte positiva de esa actividad y el provecho que tiene, a fin de que el individuo cambie deliberadamente el modo de realizar la actividad, y así cambiará el significado que tenía de ésta por un significado más positivo. Permitiéndole tomar acción con una mejor actitud.

En condición de HIPNOTISTA o HIPNOTIZADOR; a través de mis años de experiencias en las secciones de hipnosis terapéuticas o en mis shows de hipnosis de espectáculo con mis coachees o participantes, he aprendido que el estar en el mejor estado deseado posible (Juego Interno), me permite lograr mucho mejores resultados. Y conseguir de esta manera, que la persona logre entrar en un estado de trance hipnótico más óptimo, positivo y dispuesto en las sesiones o shows en sí, haciendo posible que la técnica del REENCUADRE tenga mejores resultados en mis participantes.

Como hipnotista e hipnotizador he aprendido que uno debe ser un constante observador de la personalidad de los coachees o participantes a quienes asistimos, con la intención de captar los estados anímicos que éstos presentan, en cuanto a las actividades que realizan en nuestras secciones de hipnosis o shows de hipnosis callejera o de espectáculos. Cuando percibo que uno de mis coachees o participantes, no presentan el grado de motivación requerido en un punto específico. Le enseño a REENCUADRAR, hasta lograr cambiar el significado de la asignación. Y que esto permita, que ellos la perciban de una manera más efectiva.

La agudeza sensorial nos permitirá reconocer los estados de excelencia de las demás personas; y nos ayudará a reforzarlos, permitiéndonos tener el potencial para dejar a cualquier persona, en mejor estado, que cuando iniciamos el contacto inicial.

Para mejorar los resultados al aplicar cualquier técnica de la PNL en la HIPNOSIS, es necesario tener en cuentas estos principios fundamentales:

OBJETIVO: Saber qué quiero lograr y como lo quiero alcanzar, centrándonos en la meta y en el propósito u objetivo que se pretende conseguir.

AGUDEZA SENSORIAL: Estar alerta y mantener los sentidos atentos; de forma que, nos demos cuenta de lo que está ocurriendo dentro y fuera de nuestros coachees. Y de esta manera, determinar los resultados que se están obteniendo. Detectando apropiadamente, si lo que hago me acerca o me aleja de mí objetivo.

FLEXIBILIDAD: Posibilidad de ir cambiando la forma de actuar, o aplicar las técnicas de HIPNOSIS, hasta que se obtenga los resultados requeridos. Cambiando oportunamente aquello que nos impide lograr lo que realmente queremos lograr.

ANCLAJE: El ANCLAJE en la HIPNOSIS es el proceso mediante el cual, un ESTÍMULO externo, se asocia con una conducta o RESPUESTA que se desea generar. POR EJEMPLO: Tocar (contacto kinestésico) alguna parte del cuerpo específica (brazo/mano) del sujeto "paciente o participante" cada vez que deseemos estimularlo a sentirse (RELAJADO); hacerle un gesto (movimiento) concreto para aprobar o desaprobar una acción determinada; declararle o decretarle alguna palabra clave específica (DUERME) para generarle un estado determinado (SUEÑO), visualizar algún suceso (IMAGINAR UNA SITUACIÓN), escuchar una melodía o un tono de voz especifica (OÍR UN DETERMINADO SONIDO) o la combinación de varios elementos hipnóticos a la vez. Al aplicar la técnica correctamente, se unen las dos cosas y luego el cerebro hace todo el trabajo.

También es posible establecer un estímulo externo (ANCLAJE) y vincularlo intencionalmente con una experiencia hipnótica, con el propósito de ATRAERLA o REVIVIRLA en el momento que uno quiera. Éste es propiamente el proceso del ANCLAJE en su ilustración más práctica. Es algo similar a lo que en algunas ramas de la Psicología Conductista se le conoce como Reflejo Condicionado o CONDICIONAMIENTO DE LOS REFLEJOS por medio de un ESTÍMULO SENSORIAL.

Este sistema de Reflejo Condicionado fue estudiado por el investigador ruso Ivan Pávlov. A través del cual, demostró que dicho procedimiento de ANCLAJE ESTIMULO - RESPUESTA permite movilizar experiencias válidas a través de sugestiones conscientes o subconscientes que podían ser utilizados posteriormente con éxito en situaciones requeridas, previamente preparada y establecidas para tal fin. (En nuestro caso aplicar el ANCLAJE "ESTIMULO RESPUESTA" a un FENÓMENO HIPNÓTICO).

A fines del Siglo XIX, el psicólogo ruso de nombre Ivan Pávlov (1849-1936), premio Nobel (1904), demostró por primera vez lo que actualmente conocemos como LA LEY DEL REFLEJO CONDICIONAL, que por un error en la traducción de su obra al idioma inglés fue llamada «Reflejo Condicionado» y que se popularizo en diferentes campos de la psicología conductista como "Condicionamiento de los Reflejos", condicionamiento clásico o aprendizaje por asociaciones. Y que hoy día utilizamos esos mismos procedimientos en la práctica de la HIPNOSIS.

El condicionamiento clásico aplicado a la HIPNOSIS es un tipo de aprendizaje y comportamiento que consiste en conectar un estímulo natural con su respuesta natural, y ANCLARLO posteriormente con un segundo estímulo provocado para generar una respuesta hipnótica que no se da naturalmente. De otra manera, el condicionamiento clásico aplicado a la HIPNOSIS es el mecanismo más simple por medio del cual generamos fenómenos hipnóticos relacionados a un Estímulos - Respuestas. Este condicionamiento de los reflejos permite a los seres humanos inducir ciertos estímulos y respuestas bien sean fisiológicas, automáticas, emocionales o psicológicas involuntarias que luego pueden ser ANCLADAS a una situación previamente establecida.

El ejemplo clásico más conocidos por todos, es el de los famosos perros de Pávlov. Que consistía simplemente en tocar una campana antes de alimentar a los perros. Producía el ESTIMULO varias veces, alimento - campana, campana - alimento… Y al repetir el mismo estimulo una y otra vez hasta crear una RESPUESTA. Lo que hacía luego era quitar uno de los estímulos (El Alimento), y observó que después de transcurrido un período de tiempo, cuando solamente sonaba la campana, el organismo del animal reaccionaba como si existiera el alimento. Es decir, producía "secretaba" una gran cantidad de saliva y de alguna forma respondía positivamente a la campana, aunque esta vez no se le estaba presentando el alimento. Ivan Pávlov a través de este experimento del condicionamiento clásico comprobó que es posible inducir en animales y en humanos para que reaccionen de manera involuntaria a un estímulo respuesta que antes no tenía ningún efecto, y que ahora a través del aprendizaje por asociaciones el estímulo logre llegar a producir o generar una respuesta condicionada en forma automática.

En la práctica de la HIPNOSIS PSICOLINGÜÍSTICA o HIPNOSIS CON PNL; la utilidad de éste procedimiento conocido como condicionamiento de los reflejos o (Teoría de Pávlov) es utilizada para la modificación del comportamiento a través de la técnica llamada "ANCLAJE" que consiste en provocar un ESTÍMULO sensorial específico para despertar instantáneamente una determinada RESPUESTA la cual hace posible "{(MOVILIZAR)}" o "{(INDUCIR)}" experiencias hipnóticas válidas y plenas de estados de recursos que permitirán al sujeto (paciente o participante) afrontar una situación específica con mayores garantías de éxito. Entendiéndose en un contexto hipnoterapéutico el "ÉXITO" como la capacidad de alcanzar fenómenos hipnóticos previamente establecidos.

Por lo aprendido anteriormente, podemos decir que un ANCLAJE aplicado a la HIPNOSIS es una asociación o (Vinculación Intencional) de algo que se crea entre determinados pensamientos, ideas, sensaciones, sentimientos y estados alterados de conciencia (Respuestas) y una "{(SEÑAL)}" sensorial determinada (Estímulo), bien sea de carácter Auditivo, Visual o Kinestésico. Por tal razón; al utilizar en la HIPNOSIS la Técnica de PNL denominada ANCLAJE podemos aprender a asociar y conectar FENÓMENOS HIPNÓTICOS por medio de (Señales Sensoriales) a través de los SENTIDOS. Las cuales pueden ser bien sean palabras, gestos, sonidos, toques, ademanes, señales, recuerdos, visualizaciones, imágenes, melodías, ritmos, etc.

En otro orden de ideas; el ANCLAJE es un simple, pero EFECTIVO proceso sensorial hipnótico que te permite transformar emociones negativas en sensaciones positivas a través de la adecuada utilización de la técnica del Reflejo Condicionado. Cuando creas un ANCLAJE programas una RESPUESTA para responder positivamente a un determinado ESTÍMULO cuando lo necesites.

La técnica del ANCLAJE aplicada a la HIPNOSIS suele introducirse en conexión con un tema conocido como "Momento Cumbre", es decir alguna situación vital del individuo que sea especialmente intensa emocionalmente, para él. Como, POR EJEMPLO, podría ser: Sentirse feliz, alegre, contento, sentir placer absoluto, estar completamente relajado o concentrado en algo o en alguien. Lo que quiero dar a entender; es que, cualquier impresión sensorial concreta es capaz de servir como ANCLA o "ESTÍMULO" para {(recordar)}, {(atraer)}, {(movilizar)} o {(inducir)} una vivencia "RESPUESTA". Como puede ser el caso de una determinada acción, tono de voz, sensación, inducción, o un toque en particular, entre otras. Estos estímulos anclajes se encuentran asociados a dichos estados emocionales o mentales. Y pueden activarse consciente o inconscientemente ya que la mente enlaza esas experiencias de respuesta (fenómenos hipnóticos) de modo natural, ya que es la manera en cómo el sujeto (paciente o participante) da significado a las órdenes, inducciones, sugestiones, instrucción y sugerencias, que le damos.

5 pasos para Crear un ANCLAJE Hipnótico Efectivo

1)Identificar el estado hipnótico que deseamos generar: Que puede ser paz interior, relajación, etc. Este paso es crucial, ya que necesitas definir claramente la sensación que deseas hacer sentir (relajación), y el estímulo que quieres inducir (paz interior). Debes hacerlo siempre en tiempo presente y en positivo. POR EJEMPLO: "Estas completamente relajado". Ten siempre presente, que primero debes seleccionar previamente la sensación (relajación) estímulo que desees ANCLAR y luego generar la respuesta (paz interior). Y hacerlo siempre de manera determinante y positiva.

2)Provoca la sensación en particular (relajación) estímulo y genera la respuesta que deseas inducir (paz interior): Para lograr producir el ANCLAJE es muy importante que revivas su pasado, y estimules en su mente los recuerdos o recursos en los que haya experimentado el estado hipnótico deseado que necesita. (Paz interior y relajación).

3)Crea el ESTADO HIPNÓTICO DESEADO: Utilizando bien sea la visualización, la imaginación, los recuerdos o la sugestión. Para ello, debes estimular en el sujeto la sensación (relajación) que has elegido ANCLAR como si estuviera ocurriendo EN EL AQUÍ y EN EL AHORA. Concentrándolo en la sensación que deseas inducir (paz interior) a través de sus estímulos sensoriales (Visual, Auditivo, kinestésico). Es decir, activar todas las sensaciones y estímulos multisensoriales de respuesta que deseas provocar.

4)Establecer el ANCLAJE: Fíjate en el estado emocional deseado del sujeto cuando llegue al "Momento Cumbre" activa el anclaje. Repite este proceso 5 veces, y en cada "Momento Cumbre" en que el estado deseado de las emociones del sujeto este en su punto máximo, crea el ANCLAJE. Que puede ser a través de una señal kinestésica que realizas con el toque de tus manos, mientras que al mismo tiempo pronuncias una palabra clave que induzca el estímulo deseado auditivo (relájate profundamente), y finalmente activa su canal visual por medio de una imagen o un recuerdo que represente el estado visual que desear inducir (paz interior). Todos estos 3 elementos ANCLAJES deben estar interconectados uno con el otro. Lo más importante de este ejercicio, es que estimules en la mente y el cuerpo el sujeto la experiencia hipnótica que quieres inducir.

5)Repite el punto 4, cinco 5 veces para consolidar el ANCLAJE creado: Esta repetición es esencial e importante. Por tal razón, debes hacerlo repetidamente varias veces durante toda la sesión o el show hipnótico. Y por lo menos provocarla entre una 7 a 21 veces consecutivos, hasta que hayas afianzado el ANCLAJE positivamente a él.

RAPPORT: El término RAPPORT proviene del francés "rapporter" que significa llevar a cabo algo. El Rapport en la HIPNOSIS nos permite acompasar y crear una ilusión de espejeo con la finalidad de establecer una empatía con las personas con quienes estamos trabajando, facilitando así el proceso hipnótico entre ambas partes. El RAPPORT aplicado correctamente en la HIPNOSIS junto con la técnica del LEADING nos permite guiar el contexto adecuado para establecer una óptima comunicación altamente afectiva en el momento en que se establece una conexión o interacción al momento de estimular o crear los fenómenos hipnóticos.

Para la HIPNOSIS, el RAPPORT o "ACOMPASAMIENTO", es la habilidad de adaptar o acomodar una situación, contexto o circunstancia para establecer simpatía, sintonía, afinidad y concordancia tanto en el lenguaje verbal, como el no verbal con respecto a la relación interpersonal que existe entre el sujeto (paciente o participante) y el Hipnotista, Hipnotizador, Hipnólogo o Hipnoterapeuta. A fin de crear una conexión EMOCIONAL con el estado mental de la otra persona. Si existe Rapport, la comunicación entre ambas partes tiene mayor fluidez, produciendo así, una mayor armonía y acompasamiento tanto entre sus cuerpos y mentes, así como en sus palabras, acciones, gestos, pensamientos y fisiologías.

En otro orden de idea, podríamos definir RAPPORT "Como el proceso a través del cual se puede establecer empatía y contacto con otras personas, en un nivel consciente e inconsciente al mismo tiempo". También podríamos afirmar que el RAPPORT es la ciencia que nos permite sentirnos confortables con los demás, y al mismo tiempo, hacer que los demás se puedan sentir confortables con nosotros.

El RAPPORT es una técnica muy interesante en la HIPNOSIS. Está técnica en particular, nos da la posibilidad de crear un contexto favorable para que la comunicación sea más efectiva con las personas con quienes estamos trabajamos; bien sean en nuestras sesiones de hipnosis terapéuticas, o en nuestros shows de hipnosis de espectáculos. En fin; para reforzar la idea, podríamos definir rapport como la capacidad y la destreza que tiene el ser humano para colocarse en el lugar de la otra persona y comprenderlo. Al mismo tiempo que permita que la otra persona también sienta la misma empatía y afinidad hacia nosotros. Permitiendo así, que este más abierto a una comunicación efectiva más amena, sincera, abierta y agradable para ambos, teniendo como resultado una relación ganar - ganar en la comunicación y en nuestras interacciones diarias.

LEADING y CALIBRAR como herramientas para facilitar el RAPPORT en la HIPNOSIS ¿Cómo sabemos si estamos en armonía en una sesión o show hipnótico? ¿Cómo sabemos que estamos en sintonía con la otra persona? LEADING: Significa "Guiar" a una persona y CALIBRAR a una persona significa conocer, a través de su lenguaje verbal y no verbal su estado interno. A saber, su estado de ánimo o estado mental y tenerlo presente en todo el proceso de la sesión o el show hipnótico. El Leading entonces nos permite guiar la interacción hipnótica mientras que el Calibraje nos permite confirmar si estamos realizando correctamente el Rapport.

¿Cómo realizar la técnica de RAPPORT apropiadamente para generar un ESTADO DE TRANCE HIPNÓTICO deseado?

El método es muy sencillo, solo debemos conseguir que nuestro (paciente o participante) se sienta cómodo seguro y confiado a nuestro lado; es decir, familiarizado con el proceso y guiado por nosotros. ¿Y cómo logramos hacer eso? De la forma más simple, conseguir que sujeto (paciente o participante) con quien estamos interactuando, vea ante él a un Hipnotista, Hipnotizador, Hipnólogo o Hipnoterapeuta que le resulte profesional, experto y competente con proceso hipnótico que estamos dirigiendo. ¿Y cómo es esto posible, llevar a efecto este resultado a los niveles más óptimos? A través de la técnica del ESPEJEO. Que es una manera muy sutil de copiar y duplicar de forma parecida todos los gestos, ademanes, posturas, emociones, ritmo, tono de voz y fenómenos hipnóticos que queremos generar en nuestro interlocutor (paciente o participante).

El RAPPORT en la HIPNOSIS es una técnica de sincronía, que tienen como fin, crear una conexión más profunda con el estado de trance hipnótico del sujeto (paciente o participante). Imaginemos la siguiente situación, POR EJEMPLO: IMAGÍNATE Ver a una pareja de artistas ejecutando un baile de tango en completa armonía y sincronización en cada paso, al ritmo y compás de la música. Es como si los dos bailarines se fusionaran de tal manera, que cada uno guiara o acompasara al otro de manera sinérgica, holística, complementaria e integral simultáneamente.

El RAPPORT por si solo; muchas veces, se da en forma espontánea entre las parejas, amigos y conocidos. El RAPPORT también se genera en distintos contextos, situaciones o circunstancias, bien sea en nuestras relaciones interpersonales o en nuestra relación (paciente / doctor) o (participante e hipnotizador). Por tal razón, podríamos decir con certeza que el Rapport en la HIPNOSIS sirve para crear buenas impresiones en nuestras sesiones de hipnosis clínica terapéutica o en nuestros shows de hipnosis callejera o de espectáculo. Por lo que utilizando la técnica de Rapport en nuestros procedimientos de HIPNÓTICOS de manera inteligente y correctamente, nos permitiría influir más positivamente en nuestras relaciones con nuestros (pacientes o participantes).

Pero ¡ATENCIÓN! El rapport en la HIPNOSIS exige delicadeza, intuición, sutileza y sobre todas las cosas respeto. Es imprescindible, para establecer rapport correctamente, ser sutil y utilizar sobre todo el sentido común para acoplarnos y acompasar modestamente los movimientos del sujeto (pacientes o participantes) de forma parecida. Pero sin intentar remedar burlonamente a nuestro interlocutor, ni mucho menos parodiar exactamente a la persona con quien estamos trabajando.

Ya que este tipo de acciones inconscientes podría crear una reacción contraproducente y adversa a la que esperamos.

En resumen, a modo de EJEMPLO ALEGÓRICO podemos agregar que:

Científicamente comprobado, nuestro sistema nervioso central, es como si fuera UNA RED o UN CABLEADO de FIBRA ÓPTICA. Una vez que conseguimos entender cómo funciona la RED o EL SISTEMA ÓPTICO DE CABLEADO DE UNA PERSONA; comprenderemos mucho mejor cómo acceder a su RED NEURONAL o SISTEMA DE CABLEADO SENSORIAL SUBCONSCIENTE; y enviarle la información (instrucciones, ordenes, sugestiones, guía o inducciones) que queremos que llegue con éxito a su SUBCONSCIENTE a través del Sistema Representacional que el sujeto (pacientes o participantes) mejor domine. Y de esta manera lograr una mejor conexión en el PROCESO HIPNÓTICO que estamos dirigiendo.

Para eso es preciso aprender a CALIBRAR correctamente y reconocer las diferentes SUBMODALIDADES (visual, auditiva y kinestésica) y los ACCESOS OCULARES para que de esta manera tengamos mayor entrada a su red neuronal o sistema de cableado óptico sensorial y de esta forma generar un mejor RAPPORT en nuestras interacciones.

Una de las técnicas más rápidas y efectivas de establecer RAPPORT en la HIPNOSIS es fijarse en los "{ACCESOS OCULARES}" o movimientos de los ojos y establecer nuestro diálogo a través de la "{SUBMODALIDAD}" o sistemas representacionales que esté utilizando el sujeto (pacientes o participantes) en ese momento.

POR EJEMPLO: Si mira hacia arriba al hablar significa que es una persona VISUAL y podríamos hablarle utilizando imágenes visuales, si mira con sus ojos puestos horizontalmente, a los lados significa que es una persona AUDITIVA y le hablaremos usando palabras, que representen sonidos, y si, al contrario, mira con sus ojos mirando hacia abajo significa que seguramente es una persona KINESTÉSICA o SENSORIAL y en esos casos le hablaríamos empleando palabras, que representen emociones y sensaciones.

CLAVES DE ACCESO OCULAR utilizados en la HIPNOSIS

Las CLAVES DE ACCESO OCULAR: Son los MOVIMIENTOS (laterales, verticales y horizontales) que se realizan a través de nuestros OJOS; mientras producimos o generamos "{sensaciones, emociones, pensamientos o recuerdos}" activando de manera natural los SISTEMAS DE REPRESENTACIONES SENSORIALES o SUBMODALIDADES "VISUAL, AUDITIVA y KINESTÉSICA". (Visual lo que vemos, Auditivo lo que oímos, Kinestésico o Sensorial lo que tocamos, sentimos, olemos y probamos") Proceso que hacemos todas las personas la mayor la parte del tiempo, de manera inconsciente o involuntaria.

Es de vital importancia destacar en este punto; que los Movimientos Oculares, habrán de considerarse desde el punto de vista del observador (Hipnotista, Hipnotizador, Hipnólogo o Hipnoterapeuta). A saber, cómo si se estuvieran mirando de frente, cara a cara al sujeto (pacientes o participantes). Y estos accesos oculares son aplicables a la gran mayoría de los individuos. Si bien habrá que invertirlos en los pocos casos de excepción que existen en algunas PERSONAS ZURDAS, incluso en el de ALGUNOS DIESTROS en los que algunos esquemas, pueden estar invertidos en su opuesto, pero estas últimas son solo excepciones.

La observación de los movimientos oculares ofrece uno de los medios más rápidos y efectivos que conocemos en la HIPNOSIS para determinar en cada momento; cómo la persona (pacientes o participantes) construye su experiencia interna o estado alterado de consciencia. Aplicada la técnica correctamente en la HIPNOSIS nos permiten reconocer acertadamente el determinado canal o submodalidad representacional que está usando el sujeto (pacientes o participantes) al producir los fenómenos hipnóticos que está experimentando en ese determinado momento.

Al utilizar esta información adecuadamente a nuestro favor, nos faculta a identificar mejor la construcción de los procesos mentales y psicológicos por los que está pasando el sujeto (pacientes o participantes) a través de la observación de las distintas posiciones o movimientos de los ojos que la persona en cuestión está provocando inconscientemente en los diferentes grados o niveles de los fenómenos hipnóticos.

¿Cómo funcionan las CLAVES DE ACCESO OCULARES en la HIPNOSIS? Las Claves de Acceso Ocular son ciertos tipos de MICRO EXPRESIONES inconscientes asociadas a nuestro comportamiento, que activan nuestra neurología ejecutando ciertas funciones corporales, en este caso MOVIMIENTOS OCULARES de nuestros ojos en distintas direcciones que representan un "SISTEMAS DE REPRESENTACIÓN SENSORIAL o SUBMODALIDADES" bien sea "Visual, Auditiva, Kinestésica".

Los MOVIMIENTOS OCULARES a manera de EJEMPLO ALEGÓRICO: Funcionan como una palanca de cambio de marcha en un automóvil de caja sincrónica; ejemplo un (Ferrari para que te imagines un modelo de carro) para asociarlo a esta alegoría. Que dependiendo en dónde coloques la PALANCA DE CAMBIO (Posiciones de la mirada de tus Ojos) tendremos acceso a las diferentes VELOCIDADES (Submodalidades del Sistema Representacional) bien sean estas "visuales, auditivas o kinestésicas Sensoriales"

La información que nos brinda esta herramienta aplicada en la HIPNOSIS correctamente nos permite saber el Mapa de Representación del Mundo que está siendo utilizada por el sujeto (pacientes o participantes) en un estado hipnótico determinado. Ya que el MOVIMIENTO OCULAR nos permite orientarnos en el canal predominante o SISTEMA REPRESENTACIONAL que está siendo utilizado por la persona en cuestión; y aprovechar esta información a nuestro favor, para generar las órdenes, instrucciones, inducciones y sugestiones acopladas a ese proceso inconsciente que está experimentando la persona en ese preciso momento.

Aquí te comparto unas pautas de orientación, que puedes utilizar en conjunto con la imagen de la página anterior para ayudarte a guiarte.

Pautas para Identificar correctamente las CLAVES DE ACCESO OCULARES en la HIPNOSIS

Vr: Visual Recordado: Colocamos los ojos mirando HACIA ARRIBA, en dirección a la Izquierda.

Vc: Visual Creado o Imaginado: Colocamos los ojos mirando HACIA ARRIBA, en dirección a la Derecha.

Ar: Auditivo Recordado: Miramos lateralmente hacia la PUNTA FINAL del lado Izquierdo del Ojo.

Ac: Auditivo Creado o Recordado: Miramos lateralmente hacia la PUNTA FINAL del lado Derecho del Ojo.

K: Kinestésico Sensorial: Colocamos la mirada HACIA ABAJO, en dirección a la Derecha.

DI: Dialogo Interno: Colocamos la mirada HACIA ABAJO, en dirección a la Izquierda.

SUBMODALIDADES: Las Submodalidades de los sistemas representativos aplicada a la HIPNOSIS, son las distintas variables que pertenecen a un mismo acceso de percepción que utilizamos "Externamente para percibir el mundo - e- Internamente para representarlos en forma de experiencia" y que definen la diferencia en cómo procesamos, almacenamos y codificamos los diferentes fenómenos y procesos hipnóticos que estamos experimentando a través de los "diferentes canales sensoriales" (V-A-K- "O y G"). Visual lo que vemos, Auditivo lo que oímos, kinestésico o Sensorial lo que tocamos y sentimos, "Olfativo lo que olemos y Gustativo lo que gustamos o probamos".

Es imposible PENSAR en una situación en particular de nuestra vida o RECORDAR una experiencia vivencial sin que esta tenga una ESTRUCTURA en SUBMODALIDADES, es decir sin que entren en juego los procesos de PERCEPCIONES SENSORIALES tales como la (Vista, Oído, Tacto, Gusto y Olfato).

Permíteme darte un EJEMPLO ALEGÓRICO para reforzar la idea anterior.

IMAGÍNATE a un director de cine, que para dar mayor impacto a sus películas al momento del rodaje cambia la iluminación y el ángulo de sus cámaras de una escena crucial a otra para producirnos un ESTÍMULO. O nos hace escuchar una determinada música, ruido o sonido de fondo dependiendo de los sentimientos y emociones que quiera despertar en nosotros, todo esto en conjunto con las representaciones de los actores y actrices que en puesta en escena nos comunican un mensaje a través de sus expresiones corporales y su comunicación tanto verbal como no verbal; que nos transmiten bien sea, miedo, terror, suspenso, drama, dolor, tristeza, alegría, felicidad, amor, pasión, excitación, sensualidad, o deseo. En fin, una gran cantidad de situaciones que nos producen una RESPUESTA en nuestro organismo. Y esto que sucede dentro de nosotros, que desempeña un papel fundamental en nuestra MENTE Subconsciente por medio de representaciones sensoriales (Visual, Auditiva o kinestésico) es a lo que en HIPNOSIS llamamos SUBMODALIDADES.

Como aprendimos en el ejemplo anterior las submodalidades en la HIPNOSIS están siempre presente en los procesamos de PENSAMIENTOS y EMOCIONES que se activan INCONSCIENTEMENTE a través de las Representaciones Sensoriales al momento de recibir una ORDEN bien sea (ver, escuchar, sentir, oler y degustar) alguna situación en particular. Produciendo en el sujeto (pacientes o participantes) una RESPUESTA en el organismo (fenómeno hipnótico) que queramos inducir.

Es importante destacar en este punto que: El ser humano utiliza FILTROS para crear el mapa del territorio de su realidad, con el fin de comprender al mundo y delimitarlo. Hasta ahora he enunciado los 5 filtros primarios que son el (Visual, Auditivo, kinestésico o Sensorial, Olfativo y Gustativo), pero dentro de cada una de estas categorías generales a su vez, existen gamas más sutiles en la MENTE humana. Lo que en HIPNOSIS denominamos SUBMODALIDADES del pensamiento.

Para fines prácticos la HIPNOSIS trabaja con las 3 SUBMODALIDADES principales a saber Visual, Auditiva, Kinestésica o Sensorial. A pesar de que hay personas que desarrollan las otras dos submodalidades. Olfativas y Gustativas con una intensidad mucho mayor a lo normal. Pero estas dos (2) últimas submodalidades entran en la categoría de Kinestésica o SENSORIAL.

A partir de ahora, nos referiremos sola a éstas 3 SUBMODALIDADES primarias (Visual, Auditiva y Kinestésica Sensorial). Aquí les presentare una lista de las Submodalidades Visuales, Auditivas y kinestésicas, así como una relación general de preguntas para detectar las distintas submodalidades en cada individuo, así que campeones y campeonas; esto se pone de bueno a mejor, así que continuemos...

CARACTERÍSTICAS DE LOS SISTEMAS DE REPRESENTACIÓN SENSORIAL "VISUAL, AUDITIVA, KINESTÉSICA" aplicada a la HIPNOSIS

LOS VISUALES: Son todas aquellas personas y sujetos (pacientes o participantes) que en las sesiones o show de hipnosis prefieren los Estímulos Visuales. Ya que se identifican más claramente con "LO QUE VEN Y DISTINGUEN A TRAVÉS DEL SENTIDO DE LA VISTA". Son las personas y sujetos (pacientes o participantes) que les gusta observar mientras les hablan, detallar lo que sucede a su alrededor, les agrada ser mirados a los ojos mientras se les dan las órdenes, sugestiones e inducciones. Es decir, se sienten más cómodos cuando ven que les estamos prestando la debida atención que merecen; al momento de ser redirigidos o re-inducidos a producir un FENÓMENO HIPNÓTICO específico.

LOS AUDITIVOS: Son todas aquellas personas y sujetos (pacientes o participantes) que en las sesiones o show de hipnosis prefieren los Estímulos Audibles. Ya que se identifican más con las palabras, los sonidos y las descripciones habladas. Es decir, se sienten más identificado con "LO QUE ESCUCHAN Y PUEDEN OÍR MELODIOSAMENTE". Al momento de recibir órdenes, sugestiones e inducciones se identifican más cuando regularmente oyen las instrucciones auditivas en un tono, ritmo y volumen de voz adecuado que les permita recrear los fenómenos hipnóticos que les estamos sugiriendo.

LOS KINESTÉSICOS: Son todas aquellas personas y sujetos (pacientes o participantes) que en las sesiones o show de hipnosis prefieren los Estímulos Sensoriales. Ya que se identifican más con el Contacto Corporal y se interesan de alguna manera en sus sensaciones y en las aproximaciones cercanas que realiza el (Hipnotista, Hipnotizador, Hipnólogo o Hipnoterapeuta). Puedes notarlos mucho más cómodos con "LO QUE SIENTEN Y PERCIBEN A TRAVÉS DE LAS EMOCIONES MULTISENSORIALES" en su comunicación con frecuencia son lo que tienen movimientos más lentos, se siente cómodos al expresar sus sentimientos de manera abierta, les gusta el tacto y son muy afectuosos cuando perciben que les corresponde adecuadamente en el transcurso de las sesiones o show de hipnosis.

CAPÍTULO VIII: PRUEBAS DE SUGESTIONABILIDAD, PRUEBAS ENCUBIERTAS, INDUCCIONES, CONVENCEDORES Y PROFUNDIZADORES DE ESTADOS HIPNÓTICOS

Bueno campeones y campeonas ya hemos llegado al octavo y último CAPÍTULO de este libro. A partir de ahora; en esta sección del libro, les compartiré algunas de las pruebas de sugestionabilidad, pruebas encubiertas, inducciones, convencedores y profundizadores de estados hipnóticos más conocidas y eficaces al momento de crear y producir FENÓMENOS HIPNÓTICOS de alto nivel.

NOTA IMPORTANTE: Recuerda que éste PRIMER libro, tuvo como propósito enseñarte a dominar y comprender los principios iniciales para que pudieras comenzar a "Conocer, Practicar, Ejercer y Realizar HIPNOSIS" ... Si deseas profundizar más en estas técnicas y metodología de una manera profunda, puedes hacerlo a través de la segunda y tercera parte de esta SERIE, que la dividí en 3 Volúmenes... Y esta obra; solo es la primera de los 3 LIBROS... que escribí para ustedes, con el objetivo al final, de que al leer la TRILOGÍA COMPLETAS te puedas realmente convertir en el HIPNOTIZADOR que quieres y puedes llegar a SER...

Así que sin más preámbulos comencemos. Para comenzar esta lección inicial; primero veremos unas cuantas cosas que son de vital importancia conocer antes de entrar en lo mejor de este último capítulo, que es la comprensión de las técnicas básicas y avanzadas de la hipnosis, antes, durante y después de la sesión o show.

Primera Parte: SESIÓN DE HIPNOSIS según el Punto de Vista del ESPECTADOR

Para iniciar, comenzaré describiendo cómo es el desarrollo de una sesión de hipnosis, desde el punto de vista del sujeto (espectador) paciente o participante:

Al comenzar la sesión de hipnosis, lo más probable es que el sujeto (espectador) paciente o participante al principio puede ser que este un poco distraído o enfocado, en las muchas expectativas que tiene acerca de lo que va o puede acontecer. Este proceso mayormente puede comenzar sentado, acostado o de pie, según sea el caso.

Lo más probable es que si la persona tiene algún grado de experiencia en una sesión de hipnosis anterior, probablemente estará relajado y pensando con normalidad en lo que deberá hacer en breve. Si al contrario es su primera vez, puede ser que al principio sienta algún grado de ansiedad, curiosidad y tengas algunas preguntas con relación a lo que crea o pienses que es o no es la hipnosis. Todas estas reacciones o comportamientos son normales, y tenemos que tenerlas presente en todo momento, para poder llevar la sesión de hipnosis al próximo nivel.

En este inicio de la sesión de hipnosis el sujeto (espectador) paciente o participante, se encuentra en el ESTADO NORMAL DE ALERTA o ESTADO DE VIGILIA (Z0). Este estado consciente se caracteriza por un alto nivel de frecuencia u ondas cerebrales en la actividad neuronal BETA que oscila entre los 14 a 28 Hz (ciclos por segundo o cps)

Una vez haya iniciado la sesión de hipnosis, el sujeto (espectador) paciente o participante, se encontrará en el proceso de transición entre el estado normal de vigilia (Z0) al ESTADO HIPNOIDAL o Encantamiento (Z0 y Z1). Estado semiconsciente, que se caracteriza por la disminución de los niveles de frecuencia u ondas cerebrales en la actividad neuronal ALFA / ALPHA que oscila entre los 8 a 13 Hz (ciclos por segundo o cps)

Una vez que el sujeto (espectador) paciente o participante haya terminado de oír la charla pre hipnótica, haya respondido el guion terapéutico, haya realizado las primeras pruebas de sugestionabilidad, haya ejecutado algunas sugestiones básicas, haya cumplido con algunas órdenes de un CÍRCULO DE POTENCIA o Nivel de Fuerza FP1 y haya completado algunas órdenes de Nivel de Autoridad o NIVEL SUPERIOR FP2. Entonces el sujeto (espectador) paciente o participante, ya estaremos listo para pasar a su siguiente nivel.

Para subir al sujeto (espectador) paciente o participante al siguiente nivel, y lograr nuestro objetivo podremos hacerlo utilizando uno de los métodos de inducción más popular y efectivo, POR EJEMPLO: El modelo de inducción Dave Elman. Una vez logrado nuestro propósito, el sujeto (espectador) paciente o participante entra en el siguiente estado de TRANCE HIPNÓTICO LEVE o Superficial Z1. Este estado seminconsciente, se caracteriza por una mayor disminución de los niveles de frecuencia u ondas cerebrales en la actividad neuronal ZETA / THETA que oscila entre los 6 a 7 Hz (ciclos por segundo o cps).

En este estado Z1 el sujeto (espectador) paciente o participante sabe que todavía está semi consciente. Por lo que, en ocasiones, duda de que se encuentre en estado de hipnosis, ya que escucha al hipnotizador y percibe todo lo que sucede en su entorno y medio ambiente que le rodea. Como este estado es muy inestable, y el individuo siempre tiende a regresar a su estado normal de vigilia. Por esta razón, es aconsejable que, durante este periodo, el Hipnotista, Hipnotizador, Hipnólogo o Hipnoterapeuta deberá tener en cuenta el alternar y profundizar con técnicas sonoras, táctiles y visuales, para llevar a la persona al siguiente nivel de TRANCE HIPNÓTICO MEDIO o Cataléptico Z1 y Z2. Este estado de mayor semi inconsciencia, se caracteriza por una mayor disminución de los niveles de frecuencia u ondas cerebrales en la actividad neuronal ZETA / THETA que oscila entre los 4 a 5 Hz (ciclos por segundo o cps) perceptibles exteriormente.

Ahora a partir de aquí, sucede un hecho muy interesante. Al aumentar el CÍRCULO DE POTENCIA o Nivel de Fuerza (FP3 y FP4), y haya completado algunas órdenes de Nivel de Autoridad o NIVEL SUPERIOR FP5 y superiores. Entonces el sujeto (espectador) paciente o participante, ya estaremos listo para pasar a su siguiente nivel de grado superior avanzado.

Al entrar el sujeto (espectador) paciente o participante en este estado de trance hipnótico más profundo, conocido como estado de TRANCE HIPNÓTICO UMBRAL SONAMBÚLICO Z2. Este estado es el de mayor trance hipnótico alcanzado, y se caracteriza por un mayor grado en la disminución de los niveles de frecuencia u ondas cerebrales en la actividad neuronal DELTA que oscila entre los 0,5 a 3 Hz o (ciclos por segundo o cps), que es perceptibles exteriormente con una mayor claridad comparado con los anteriores.

Es importante destacar en este punto, que (Mediante la realización de pruebas encubiertas, convencedores y técnicas de profundización de estados hipnóticos) el sujeto (espectador) paciente o participante, comenzara a tener momentos de desorientación, lo que le producirá un borre temporal de los acontecimientos percibidos a través de su mente consciente. Lo que hará que el sujeto (espectador) paciente o participante olvide temporal o esporádicamente las pruebas encubiertas, los convencedores y las técnicas de profundización de estados hipnóticos que le indujeron y lo llevaron a entrar en ese estado de trance hipnótico profundo.

Al decir que se le borra o se le olvida temporal o esporádicamente ciertos acontecimientos, me refiero a que cuando despierte el sujeto y regrese a su estado de lucidez, (estado de alerta o vigilia), si le preguntamos que nos cuente todo lo que recuerda desde el inicio de la sesión de hipnosis, solo recordará hasta el momento antes, de lo que le hizo entrar en el estado de trance hipnótico profundo.

POR EJEMPLO: IMAGINEMOS que comenzamos dándole sugestiones e inducciones directas de que su brazo izquierdo se hará muy pero muy ligero, y cuando ya esté muy ligero, este comienza a levitar, flotar, subir y levantarse inconscientemente a través del poder de su mente. Luego, le hacemos una prueba encubierta acompañado con un profundizador que le dé la orden directa al brazo izquierdo de que se doble y se acerca a su cara poco a poco, hasta que la toque. Entonces seguimos con las sugestiones de un CÍRCULO DE POTENCIA o Nivel de Fuerza (FP3 y FP4). Y cuando hayamos profundizado la experiencia y el sujeto (espectador) paciente o participante haya completado las órdenes de un Nivel de Autoridad Mayor o un NIVEL SUPERIOR FP5 y le ordenamos que se quedará dormido. Entonces en este momento, aceptara la orden y se DORMIRÁ (Es decir que entrara en el estado de trance hipnótico profundo)

Luego cuando lo despertemos y lo regresemos a su estado de lucidez, (estado de alerta o vigilia) y le preguntemos que nos cuente lo que recuerda. Este solo recordará que su mano subía. (Olvidará y se le borrara temporal o esporádicamente la acción específica que le hizo entrar en el estado de trance hipnótico profundo. Es decir, olvidará que su mano izquierda le toca la cara y se quedaba dormido) Eso sí, el sujeto sabe que hay algo más, pero no lo puede recordar, entonces cuando le preguntamos "¿A qué te recuerda la palabra 'cara'?" Eso que olvidó le vendrá a la memoria y lo recordará perfectamente…

IMPORTANTE: Mientras el sujeto (espectador) paciente o participante se encuentre en el ESTADO DE TRANCE HIPNÓTICO UMBRAL SONAMBÚLICO Z2 (Profundo), todo lo que suceda no se recordará, a menos que se le indiquemos que lo recuerde.

Es posible en contadas oportunidades, y en muy pocas ocasiones que, durante la sesión de hipnosis, el sujeto (espectador) paciente o participante si esta nuevo en esto de los procedimientos hipnóticos, es inexperto o está muy pero muy cansado, agotado, alterado y estresado por alguna razón; que claro que puede suceder. Estas razones antes mencionadas, puede hacerlo entrar en el ESTADO Z3 (Estado Muy profundo de Ensueño); si esto fenómeno sucediera, lo notaremos muy fácilmente, al ver que el sujeto que no reacciona a nuestras sugestiones y verlo incluso dormirse de verdad (literal o fisiológicamente) hablando. En este ESTADO Z3 (Estado Muy profundo de Ensueño), el sujeto incluso una vez despierto, no podrá recordar nada de lo que ha sucedido en esta fase. (Aunque se lo recordemos nosotros) y la razón es simple y sencilla "Fue porque se durmió, y dormido como es lógico, no solo no recibe ninguna orden, sino que no recordará nada de lo que se le diga, incluso si hizo alguna acción involuntaria durante el sueño" ...

Esto es lógico, y está muy claro. Es como tratar de hacer recordar a un SONÁMBULO (persona que habla y camina mientras está dormido) que recuerde lo que hizo o dijo estando dormido. ¿Es imposible cierto? bueno lo mismo sucede en este ESTADO Z3 (Estado Muy profundo de Ensueño).

Segunda Parte: SESIÓN DE HIPNOSIS según el Punto de Vista del HIPNOTIZADOR

Ahora para continuar, describiré una sesión de hipnosis desde el punto de vista del especialista (hipnotizador) hipnólogo o hipnotista:

Podemos dividirlo en 5 etapas:

1.Inducir;

2.Profundizar;

3.Fenómenos o Trance Hipnóticos;

4.Sugestión Posthipnótica o Intervención;

5.Procedimiento del Despertar;

1.Inducir: Significa situar al sujeto en el estado Z1.

2.Profundizar: Equivale a hacerle pasar al estado Z2.

3.Fenómenos o Trance Hipnóticos: Es el nivel donde se alcanzan el objetivo fijado (sanar una dolencia, aprender o enseñar alguna habilidad, vencer un hábito o desarrollar uno más empoderado, crear anestesia, analgesia, catalepsia, etc.) gracias al haber logrado aumentar el CÍRCULO DE POTENCIA o Nivel de Fuerza (FP3 y FP4), hasta un Nivel de Autoridad Mayor o NIVEL SUPERIOR FP5 y Superiores

4.La Sugestión Posthipnótica o Intervención: Es el elemento esencial de toda hipnosis. Es Cuando el sujeto (espectador) paciente o participante se encuentra en la transición entre los ESTADOS Z1 a Z2, y podemos darle ÓRDENES POSTHIPNÓTICA que se prolonguen y se ejecuten una vez que haya despertado. Y se mantengan vigentes las ordenes una vez haya terminado la sesión, incluso en días o fechas posteriores.

Esto es muy interesante, te compartiré UN EJEMPLO: "A partir de ahora, siempre que te toque la frente (crear un anclaje kinestésico toque con las manos) y te diga que duermas (crear un anclaje auditivo con la palabra DUERME), entrarás en un estado de trance hipnótico aún más profundo, del que te encuentras ahora (crear un anclaje sensorial sentirse completamente relajado). Ahora, para probar que has comprendido, aceptado y asimilado todo lo que te he dicho, voy a contar hasta tres (3) y despertarás. Y verás que te encontrarás muy bien y te sentirás lleno de energía y vitalidad; pero siempre que te toque la frente y te diga que duermas, cerrarás los ojos y entrarás en un estado de hipnosis todavía más y más profundo. Cuento: 1 vas recobrando tus energías y vitalidad; 2 te encuentras muy bien y te sientes sensacional, y vas despertándote cada vez más; 3 puedes despertar activo y listo para continuar, DESPIERTA AHORA." ...

UNA VEZ CREADA LA ORDEN; y el sujeto (espectador) paciente o participante se despierte, probaremos la Sugestión Posthipnótica le pasaremos la mano leve y suavemente por la cara (activando el anclaje kinestésico) y le diremos DUERME (activando el anclaje auditivo y sensorial) y si la persona comprendió, acepto y asimilo toda la orden que se le fue implantada con anterioridad, volverá a entrar en el estado de trance hipnótico profundo acordado. Y LISTO habremos logrado el objetivo ¿entiendes la idea? ¿Comprendes el potencial que tienen las Sugestiones Post Hipnóticas?...

5.Procedimiento del Despertar. El procedimiento del despertar es el más importante al final de nuestra sesión hipnótica, ya que es la acción que nos permite anular todo lo que se le ha practicado o decretado en la sesión de hipnosis. Pero manteniendo solo las Sugestiones Post Hipnóticas si las hubiera. Por tal razón, debido a su importancia, este debe de realizarse o hacerse lentamente, y nunca despertar al sujeto (espectador) paciente o participante de una forma rápida o brusca. Lo más ideal sería hacerlo de la siguiente forma: "Cuando cuente hasta tres (3) despertarás del estado en el cual te encuentras ahora, y te despertaras alerta, listo, atento y con las energías y el bienestar al 100% de tu rendimiento óptimo, ¡estás LISTO!" Cuento: 1 vas recobrando tus energías y vitalidad; 2 te encuentras muy bien y te sientes sensacional, y vas despertándote y activando tus 5 sentidos cada vez más; 3 ya puedes despertar activo y listo para continuar, DESPIERTA AHORA." ...

NOTA: Al comenzar el Proceso de DESPERTAR, es recomendable al mismo tiempo que vamos contando, (1, 2, 3...) ir aumentando gradualmente el tono y el volumen de nuestra voz, y acoplar nuestro ritmo y compás de lo que estamos diciendo en coherencia con la sensación, emoción, y experiencia que estamos induciendo en la persona. De esta manera el sujeto (espectador) paciente o participante vera en nuestras palabras, acciones y expresiones las experiencias que queremos trasmitir.

SÍNTESIS "Antes, Durante y Después de una Sesión de HIPNOSIS"

1.ANTES DE LA HIPNOSIS: Hacer una entrevista previa, tener una charla pre hipnótica, escribir el informe médico, leer y rellenar el guion terapéutico con el paciente o participante, llenar el contrato o acuerdo Post Hipnótico para tener presente las metas que se quieren lograr con la sesión, profundizar el motivo de la consulta o sesión, hacer preguntas al sujeto para localizar posibles problemas psicológicos y fisiológicos si los hubiera, detectar miedos, traumas, fobias, expectativas, deseos e intereses, etc. ¿Entiendes lo que te digo? Al hacer todo esto, no solo podrás prevenir con tiempo algún inconveniente, sino que sobre todo te podrás adelantarte y cubrir cualquier expectativa, posicionándote como un experto en la materia y consolidar tu IMAGEN como Hipnotista, Hipnotizador, Hipnólogo o Hipnoterapeuta. Está claro, que al tener un perfil de la personal en cuestión con quien vas a trabajar, vas a tener más ventajas, que si no cumplieras con todos estos procedimientos iniciales ¿me doy a entender? Estás de acuerdo, que, al tener más información, mayores probabilidades de éxitos tendrás en realizar tus sesiones de hipnosis clínica terapéuticas y más probabilidades de éxitos tendrás al realizar tus shows de hipnosis callejeras o de espectáculo. ¿Estás claro en esto verdad? Al tener esto presente, podrás evitar hacer el método de la barca a alguien que tiene fobia al agua. XD mucho cuidado con eso.

2.Durante la hipnosis: Inducir, profundizar, crear fenómenos hipnóticos, realizar sugestión posthipnótica, finalizar correctamente los procedimientos del despertar, aumentar tu CÍRCULO DE POTENCIA o Nivel de Fuerza de un (FP1, FP2 y FP3) a un Nivel de Autoridad Mayor o NIVEL SUPERIOR FP5 y superiores, realizar pruebas de sugestionabilidad, pruebas encubiertas, inducciones, convencedores y profundizadores de estados hipnóticos, elegir los estado de trance hipnóticos que deseamos alcanzar en función a nuestros objetivos (ESTADO HIPNOIDAL o Encantamiento Z0 y Z1, TRANCE HIPNÓTICO LEVE o Superficial Z1, TRANCE HIPNÓTICO MEDIO o Cataléptico Z1 y Z2 o TRANCE HIPNÓTICO UMBRAL SONAMBÚLICO Z2 según sea el caso.

3.Después de la hipnosis: Tener una breve conversación con el sujeto (espectador) paciente o participante, en la que se le pide a la persona que cuente cronológicamente todo lo que recuerde que haya sucedido, ya que esto nos permite detectar los estados Z2, por medio de las amnesias posthipnótica retroactivas y espontáneas. (Así se llama el olvido temporal que comentaba antes, de que al entrar en Z2, se olvidaba o se borra la técnica que le hacía caer en estado profundo (Z2)), terminar con una breve entrevista y verificar el contrato o acuerdo Post Hipnótico para comprobar que se cumplieron los objetivos, agendar la próxima cita, planear la próxima sesión de hipnosis clínica o terapéutica, planificar el próximo show de hipnosis callejera o show de hipnosis de espectáculo, recomendar, ofrecer y vender algunos de tus materiales didácticos y de apoyo (Audios, Videos, Libros, o PDF), entregar los Audios de AUTO HIPNOSIS para acostumbrar a la persona siempre llevarse algo en cada sesión o evento, tomar notas de los testimonios, pedir referidos, y llamar a tu próximo futuro prospecto, cliente o interesado.

Ahora pasemos a conocer las pruebas encubiertas, las pruebas de sugestionabilidad, los convencedores y los profundizadora de estados…

Estas técnicas en sus muchas variantes, de una u otra manera pertenecen a una de las distintas Categorías de las Familias de la Hipnosis que según "{[Eric Barone y Jacques Mandorla en su obra ABC de la Hipnosis (Desarrolle su Potencial Mental) de Ediciones Tikal, describen 8]}". Nosotros estudiaremos solo 4 de ellas que son lleguemos al número 3 podrás despegar los dedos nuevamente, sintiéndolos completamente liberados... Ahora abre los ojos. Brillante eso me demuestra que puedes concentrarte. "Si el sujeto siguió tus instrucciones al pie de la letra, será imposible que separe los dedos, quedando alucinado de tus Poderes Hipnóticos".

FIN DEL EJERCICIO

Punto Importante: Esta técnica de sugestión e inducción es una prueba de sugestionabilidad, así como un profundizador de estados hipnóticos y un convencedor según con el propósito que se realice.

En el primer caso, POR EJEMPLO: Si la utilizas como un Convencedor o Prueba de sugestionabilidad entonces, puedes aplicar este ejercicio al principio de la sesión de hipnosis; o del show, para evaluar y detectar el grado de sugestionabilidad del sujeto (paciente o participante). Y determinar correctamente el grado de compromiso que esta la persona... Si al terminar el ejercicio; la persona respondió bien a las sugestiones y pego sus dedos y no los pudo abrir en la medida que lo íbamos sugestionando, paso por paso, entonces significa que lo más probable es que el sujeto (paciente o participante) se encuentre listo para entrar en el estado Z1, los que nos permitiría profundizar el ejercicio e introducirlo en el estado Z1... ¿Viste que importante son las Pruebes de sugestionabilidad y para Qué se Utilizan?

En el segundo caso, POR EJEMPLO: Si utilizas el ejercicio de los Dedos Magnéticos "o" Dedos Pegados como un Profundizador de Estados Hipnóticos; entonces, al comprobar que la persona respondió bien al ejercicio, que tiene sus dedos completamente pegados, y que está profundamente preparado para entrar en el estado Z1, entonces podríamos continuar con dos pasos más... En este caso sería el Paso 7 y el Paso 8; y continuaríamos de la siguiente manera, para profundizar el estado hipnótico e introducirlo más completamente en el estado Z2.

Paso 7: En este punto empezaremos a observar como la punta de los dedos del sujeto se empieza a mantener unidas, atraídas y pegadas; y la sugestión se hace cada vez más evidente y hacerse cada vez más clara, y podemos percibir la presión que la persona está ejerciendo en ese momento le decimos que intente separarlo y va a comprobar que es totalmente imposible" Una vez logrado el ejercicio correctamente, pasamos a profundizar el estado le decimos a la persona que: Eso es, así es, muy bien, correcto. Nota como están empezando a atraerse tus dos dedos como un par de imanes muy potentes, cada vez se acercan y se pegan y funcionan más y más... y tan pronto como tú estés seguro de que los dedos están completamente pegados y atraídos entre sí, puedes permitirte cerrar tus ojos y relajarte. Ahora quiero que imagines que todos los músculos alrededor de tus ojos se relajan completamente, quiero que te permitas sentir tus parpados relajados, permítete sentir los músculos arriba de tus ojos relajados, los músculos de debajo aún más relajados, los músculos de los lados completamente relajados (Mientras decimos estas inducciones, tocamos suave y sutilmente cada parte del ojo que deseamos que la persona relaje. (Esto permite que el sujeto se mantenga concentrada y enfocada en el ejerció; al mismo, tiempo que anclamos en ellos a través del tacto "kinestésico" la sensación de relajación que queremos generar)), Para seguir con la sugestión le continuamos diciendo: Quiero que imagines ahora, como sería tener los músculos de tus ojos tan, pero tan relajados, que simplemente tus ojos se cierra, y sientes que tus parpados están completamente cerrados, profundamente cerrados, totalmente cerrados, solo por un breve periodo de tiempo. Eso es, lo estás haciendo muy bien.

Paso 8: Ahora quiero que relajes completamente aún más, estos músculos de tus ojos, siéntelos completamente relajados, totalmente relajados, profundamente relajados. (Mientras le decimos estas inducciones, tocamos suave y sutilmente cada parte del ojo que deseamos que la persona relaje). Para seguir con la sugestión continuamos dándole órdenes encubiertas, y medida que vas haciendo la inducción, vas a ir aumentando el volumen de tu voz, vas a ir aumentando cada vez más el volumen de voz cada vez más y más ascendente Y CONTINÚAS DICIÉNDOLE A LA PERSONA QUE: Permítete sentir como a partir de ahora comenzaras a tener una gran pesadez en tus parpados, que se va a ir apoderando de tus ojos... Tus párpados se harán cada vez más y más pesados, muy pesados... Ahora, los sientes tan pesados que te parece que tus párpados se cierran por si solo y ya no lo puedes abrir... Tus ojos están completamente cerrados y cada vez sellan más y más... Pronto ya no vas a poder abrir tus ojos... Tus ojos estarán totalmente pegados... Cada vez se pegaran y se funcionan más y más... Abrir los ojos te resultará muy difícil... Tendrás gran dificultad para hacerlo... Tus ojos están completamente sellados, tus parpados están totalmente pegados... Tus párpados ya no se pueden levantar, tus ojos ya no se pueden abrir y, en algunos momentos, a pesar de todos tus esfuerzos, te será imposible abrir levantar tus parpados y será imposible para ti abrir los ojos... Permítete sentir como los músculos de tus ojos se contraen... Cuanto más tiempo pasa más sólidamente se pegan tus párpados... A PARTIR DE AHORA, Cuando yo diga "tres" tus párpados y tus ojos estarán completamente cerrados... Por más que te esfuerces en levantarlos, no lo lograrás... En cuanto yo diga "TRES" te resultará imposible abrir los ojos... Uno 1... Tus ojos están sólidamente cerrados... Dos 2... Tus párpados están cada vez más y más apretados... ¡TRES! Tus párpados se mantienen pegados, tus ojos están completa y totalmente sellados y fusionados... Así es correcto, vez como tus ojos están completamente cerrados, tus parpados totalmente pesados y tu estas profundamente relajado (Aquí te acercas a la persona, y comienzas a mecerla, moverla ligeramente de un lado a al otro, o de atrás hacia adelante, para estimularle la sensación de relajación profunda y generar el "Estado de Trance Hipnótico Deseado) y le ordenas diciendo: Y ahora, entras en un sueño profundo, duerme cada vez más y más profundamente, te deslizas más y más profundamente en un sueño hipnótico profundo... AHORA cuando cuente hasta tres te relajaras aún más, y te dormirás todavía más y más profundamente. 1 relájate 2 déjate llevar, 3 sientes sueño, AHORA ¡DUERME!

Recomendaciones y palabras finales: Para lograr mayores resultados, lo más recomendable es ir probando todas las voces que hemos venido aprendiendo; hasta que comencemos a notar resultados favorables y positivos, y el tono o volumen de voz que más favorezca, son la que debiéramos usar para estimular los estados de trance hipnóticos deseados)

"Yo nunca he dicho que sea fácil, pero les prometo que tampoco será imposible… Solo tienen que estar dispuesto a pagar el precio del éxito y luego disfrutar de los resultados el resto de toda su vida" -. YLICH TARAZONA. -

OBSERVACIÓN DE INTERÉS: UN 90% de las personas harán este ejercicio con éxito. Por tal razón; debes apurarte a poner sus dedos juntos rápidamente, tan rápido como 2 segundos y no más de 20 segundos. Si no pueden hacerlo en este tiempo, haz algo más. La razón de que esta prueba de sugestionabilidad sea tan sencilla de hacer y tiene tanto éxito en las personas. Es que el efecto de los dedos en movimiento, van a estar atrayéndose sin esfuerzo consciente, ya que es una reacción fisiología natural de las manos del sujeto. La función fisiológica que entre en juego aquí es simple, como los tendones de los demás dedos están apretados, hace que los tendones en los dedos índices se muevan y se junten, atrayéndose automáticamente entre si… Y eso produce el efecto hipnótico que deseamos.

Aunque este ejercicio es simple y fácil de reconocer como un truco mental, si es verdad, puede ser. Pero también te sorprenderá de lo mucho que algunos sujetos responden positivamente a esta prueba. Con los ojos abiertos, muestran expresiones y exclamaciones de sorpresa, de que lo que estás diciendo, está realmente sucediendo.

IMPORTANTE: Cuando se utilizan este tipo de técnica de la Familia Sensorial o cualquier otro ejercicio de inducción de este conjunto, incluso si sabes que las probabilidades de éxito están en tu favor. Tu mentalidad como HIPNOTIZADOR debe ser, que tú estás haciendo que este fenómeno hipnótico suceda. Entonces debes ser congruente, coherente y convincente en tu aproximación. Recuerda tus palabras, acciones y pensamientos van a crear el efecto deseado.

Otra variación de esta técnica de la FAMILIA SENSORIAL es la prueba de sugestionabilidad de las MANOS MAGNÉTICAS. En esta variación del ejercicio vamos a juntar las manos de tu sujeto y a atraerlas como si fueran un par de imanes.

1°. - MANOS MAGNÉTICAS - MANOS PEGADAS (FAMILIA SENSORIAL)

Esta 2da técnica de sugestión e inducción de Manos Magnéticas o Manos Pegadas, es una "Prueba de Sugestionabilidad o Convencedor" que támbien tiene un fuerte componente FISIOLÓGICO, (Función Orgánica o Respuesta Natural del Cuerpo) y SENSORIAL" Sugestionabilidad o Respuesta Inductiva Psicológica que nos permite crear una situación, sincronizarla por medio de la sugestión y luego desviarla hacia un objetivo determinado como lo hicimos en el ejercicio anterior. Si esta técnica de sugestión e inducción de manos magnéticas o manos pegadas es realizada correctamente, nos permitirá también lograr tres grandes cosas:

1° Preseleccionar correctamente el candidato más sugestionable con quien vamos a comenzar a trabajar en nuestras sesiones de hipnosis clínica terapéuticas o en nuestros shows de hipnosis callejera o de espectáculo.

2° Librarnos sutilmente de las personas que no están interesadas en realidad de participar en nuestras sesiones clínicas o show de hipnosis; o prevenir y detectar aquellas personas que tratan de retarnos, o simplemente que no están preparados aún para ser hipnotizadas, pero quizás más adelante se motiven a participar.

3° Preparar mentalmente al sujeto con quien vamos a trabajar, ganarnos su confianza, entrar en rapport con él, generar empatía y estimularlo a participar activa y voluntariamente de buena gana, con una intención de propósito positiva, que nos permita tener una excelente sesión de hipnosis terapéutica o realizar un buen show de espectáculo.

SIEMPRE TENGAMOS PRESENTE ANTES DE COMENZAR REALIZAR UN YES-SET

Yes Set: Técnica utilizada para conseguir poner al sujeto de nuestra parte, y que esté de acuerdo con nosotros en al menos 3 "SI" seguidos ("ordenes encubiertas").

POR EJEMPLO: Puedes sentarte/pararte "Si", Puedes juntar las piernas/los pies "Si", puedes tomar una respiración profunda "Si". A partir de ese momento, será mucho más sencillo que su mente subconsciente ACCEDA a nuestras sugestiones e inducciones más libremente, así que ya está preparado para comenzar el proceso hipnótico.

Manos Magnéticos "o" Manos Pegados, Ejecución de la Técnica

Esta prueba se puede realizar a nivel individual o en grupo y se puede hacer de pies o sentado, indiferentemente como lo prefieras. En este ejercicio; lo que vamos a hacer es, que las manos del sujeto "se junten" "se peguen" y "se atraigan" como si fueran dos imanes que se atraen, mutuamente entre sí.

1 PARTE: Ahora, en un momento te pediré que te concentres, y pongas toda tu atención en lo que te digo, al igual que lo hiciste con tus dedos. Sólo que esta vez; quiero que uses todo el poder de tu imaginación, porque en unos segundos te pediré que cierres completamente los ojos. Pero antes de cerrar los ojos, voy a pedirte que coloques tus manos en frente de ti de esta manera (La colocamos nosotros, como referencia de lo que el sujeto debe hacer; y le movemos las dos manos al sujeto, como si estuviéramos colocándoles sus manos en alguna posición correcta "Esto es solo para hacerle pensar que la posición de las manos tiene alguna influencia en el ejercicio... Aunque en realidad es un efecto placebo psicológico para sugestionarlo a pensar que así es"). Perfecto; eso es, aquí está muy bien.

2 PARTE: Ahora cierra los ojos completamente, e imagina que tienes dos potentes imanes atados a las palmas de las manos, y estos poderosos imanes comienzan a juntarse y atraerse fuertemente entre sí. Ahora, puedes darle una orden incrustada, y decirle que: Cuando se toquen tus dos manos entre sí, tanto tu cabeza como tus dos manos pueden relajarse y dejar caer adelante hacia adelante, tus manos y cabeza, al mismo tiempo que te relajas profundamente.

3 PARTE: OK, ahora que tienes tus dos manos frente de ti, quiero que actives el poder de tu imaginación, y te concentres en el espacio entre que hay entre tus dos las manos. Quiero que te des la oportunidad de imaginar y tener una idea clara de tus manos atrayéndose una de otra y te imagines y sientas tus manos pegadas ahí.

4 PARTE: Ahora cierra los ojos e imagina que esos dos potentes imanes que tienes atados a las palmas de tus manos se están atrayendo magnéticamente y están tratando de juntarse, juntarse y pegarse una de la otra. Eso es, muy bien.

5 PARTE: Ve, sientes, ya están empezando a juntarse, ahora date la oportunidad de imaginar con todo el poder de tu imaginación que la fuerza magnética entre tus dos manos es cada vez más y más fuerte, cuanto más y más se acercan, más y más fuertes se vuelve la atracción de esos poderosos imanes entre sí. Imagina que cuando niño jugabas con imanes y sentías esa atracción magnética, que los unía, los pegaba, jalando tus manitos hasta juntarlas completamente. Sé que no puedo decirte exactamente cuándo van a tocarse, pero te puedo asegurar que se van a tocar, se van a unir y se van a atraer la una a otra, hasta tocarse entre sí.

5 PARTE: Ahora cuando tus dos manos se hayan tocado, quiero que dejes que tus manos caigan, así como tu cabeza caigan hacia adelante sobre tu pecho y relájate profundamente, completamente, totalmente.

Aquí podemos dar por terminado el ejercicio que utilizamos como prueba de sugestionabilidad diciéndole: Excelente. Ahora, ya puedes abrir tus ojos. También puedes reforzar el ejercicio con una afirmación: Tienes una poderosa imaginación.

FIN DEL EJERCICIO

En este ejercicio de MANOS MAGNÉTICAS; al igual que el anterior, sugiero que El HIPNOTIZADOR demuestre exactamente lo que el sujeto tiene que hacer y lo que va a pasar antes de pedirle al sujeto que lo haga. Ya que esto nos dará dos grandes ventajas: 1ra sugestionamos al sujeto y lo preparamos sutilmente a pensar en lo que va a pasar. 2do prevenimos que el sujeto reaccione o responda de la manera opuesta a lo que queremos generar. Porque recuerda que una vez que hayamos explicado lo que va a suceder, y demostrarle como tiene que hacerlo, es muy probable que el sujeto tenga éxito en este ejercicio. Incluso más aún cuando hayan pasado por los ejercicios de los dedos magnéticos.

BREVE EXPLICACIÓN: Las MANOS MAGNÉTICAS lógicamente son como los dedos magnéticos como ves; de nuevo se trata de componentes fisiológicos que entran en juego, produciendo esas fuerzas "Magnéticas" haciendo que partes del cuerpo (Las Manos) se junten o atraigan automáticamente, sin esfuerzo consciente.

Esta técnica de MANOS MAGNÉTICAS o Manos Pagadas tiene dos componentes uno FISIOLÓGICO, y otro componente SENSORIAL...

"1° Fisiológica" Función Orgánica o Respuesta Natural del Cuerpo

"2° Sensorial" Sugestionabilidad o Respuesta Inductiva Psicológica

*Crear una situación de la cual conocemos las consecuencias psicológicas.

*Nos permite sincronizar por medio de la sugestión.

*Nos permite desviar la sugestión hacia un objetivo determinado.

PUNTO DE INTERÉS: Esta demostración tiene como finalidad poner a los sujetos a imaginar teniendo éxito con el ejercicio, visualizándose con dos fuertes imanes que atraen sus manos entre sí, al pedirles que se concentren y utilicen su imaginación para recrear esa situación en su mente. El ejercicio de MANOS MAGNÉTICAS se puede realizar con los ojos abiertos. Sin embargo, es mejor si se hace con los ojos cerrados. Por tal razón; podemos comenzar diciendo: Esta vez quiero que utilices realmente el poder de tu imaginación y de tu concentración, porque en un momento te pediré que cierres completamente los ojos. Al decirle esto, le estas dando al sujeto una razón para cerrar sus ojos. Y esto nos da la oportunidad de observar cómo responde la persona en cuestión, a nuestras sugestiones con los ojos cerrados. Ya que esto permite que más fácil para ellos usar su imaginación y concentrarse mejor en el ejercicio. Mientas que a nosotros nos permite enfocarnos y observar de cerca, los ojos del sujeto para detectar cualquier signo de hipnosis, especialmente en REM, lo que luego aprovecharemos a nuestro favor.

El Ensayo o Ejercicio de Simulación "Prueba Encubierta" Breve Reseña Histórica y Explicación

Esta inducción de Ensayo o Ejercicio de Simulación se ha utilizado durante muchos años en la práctica de la hipnosis, principalmente en la hipnosis clínica terapéutica; pero también en ocasiones es practicada como pre ensayo en los shows de hipnosis callejera y de espectáculos como Ejercicio de Simulación antes de comenzar el evento. Esta prueba encubierta fue una de las primeras inducciones simuladas que aprendí en mis inicios… Fue un aprendizaje rápido y me funcionó en la práctica magníficamente. Por tal razón; la recomiendo, porque es ideal para el hipnotizador principiante. Ya que le permite practicar, ensayar y simular con el sujeto antes de hacer la "INDUCCIÓN REAL". Lo que nos da una gran ventaja.

En lo personal, nunca me ha fallado al hipnotizar con esta inducción simulada o prueba encubierta. Y siempre la utilizo cuando creo, siento y veo que es apropiado.

BREVE EXPLICACIÓN ANTES DE APLICAR LA INDUCCIÓN DE ENSAYO O EJERCICIO DE SIMULACIÓN

Para comenzar este ejercicio, lo primero que debemos hacer es explícale a la persona paso a paso, detallada y exactamente lo que estamos diciendo y haciendo. Pero, sobre todo; debemos explicarle al sujeto, qué efecto tendrá sobre ellos. Presenta siempre esta prueba encubierta de Inducción de Ensayo o Ejercicio de Simulación en un tono de enseñanza, como si estuvieras tratando de enseñarles algo. Ya que, de esta manera, predisponemos la mente consciente del sujeto a prestarnos atención, y preparamos la mente inconsciente de la persona para que reciba las ordenes encubiertas, y entre el estado de trance hipnótico deseado.

De esta INDUCCIÓN DE ENSAYO o EJERCICIO DE SIMULACIÓN, existen deferentes variaciones que se han desarrollado a través de los años. Para esta versión que aprenderemos aquí en mi libro, utilizaremos la TÉCNICA para crear una Inducción de Ensayo o Ejercicio de Simulación conocido como Catalepsia de Brazo. Entonces literalmente, para lograr nuestro propósito, ensayaremos y simularemos la acción deseada con la persona tantas veces como sea necesario, hasta provocar el fenómeno hipnótico deseado, o que sea hora de realizar la

VERDADERA INDUCCIÓN, sugestión, convencedores, prueba encubierta o prueba de sugestionabilidad, profundizador de estados, entre otros.

Lo interesante de esta poderosa TÉCNICA de prueba encubierta o ejercicio de Inducción de Ensayo o Ejercicio de Simulación es que realizada correctamente producirá los efectos esperados en el sujeto, antes de que la persona involucrada se dé cuenta de que la estamos induciendo en un estado hipnótico deseado. Es decir, que con esta técnica posiblemente nunca llegaremos a realizar la INDUCCIÓN REAL. Ya que el sujeto se habrá hipnotizado durante uno de los ensayos, de ahí el nombre.

Ejercicio de Ensayo o Ejercicio de Simulación

Esta prueba a diferencia de las anteriores se recomienda que se realiza de forma individual y preferiblemente hacerla sentado (Aunque en grupo y de pies también funciona muy bien, siempre y cuando la domines muy bien, y sobre todo conozcas la técnica y el objetivo que quieres lograr al final). En este ejercicio o prueba encubierta; lo que vamos a hacer es, que las manos del sujeto "se relajen" "entren en estado cataléptico" y "respondan antes nuestras sugestiones" como si obedecieran las instrucciones e inducciones que les damos.

Para comenzar, después de haber explicado la intención del ejercicio, y el propósito que se quiere lograr con el ensayo o simulación. Iniciamos con la técnica.

1 PARTE: ¿Me prestas tu brazo Izquierdo?... Lo que voy a hacer a continuación, es que voy a tomar tu mano izquierda a la altura de tu hombro, y la voy a levantarla de esta manera (Al decir esto; cogemos la mano del sujeto por la muñeca sutil y suavemente, mientras la movemos hacia al frente y la levantamos hacia arriba, de modo que su mano izquierda quede suspendida en el aire al frente de él y su codo ligeramente doblado a aproximadamente a unos 90 grados a la altura de su hombro, en la forma, posición en la que queremos que responda la persona a la sugestión)... Luego continuamos: No quiero que vayas a entrar en hipnosis todavía, porque primero quiero explicar esto... ¿Estás de acuerdo?

Ok, listo, ya que hacer esto, es de vital importancia porque, esta acción que estoy realizando de mover mu mano izquierda hacia arriba es algo que te ayudará más adelante a conseguir entrar en el estado de hipnosis deseado... Y luego para salir del estado de trance hipnótico, solo tenemos que mover la mano hacia abajo de esta manera. (Al decir esto movemos su mano hacia abajo en la posición inicial).

2 PARTE: Repites el ensayo o simulación, recordándole a la persona lo que va a suceder en breve; y decirle que: Todo lo que se va a notar el sujeto, es que tú vas coger su muñeca y levantarla y bajarla de esta manera. (Repetimos igualmente la 1 PARTE del ejercicio, tal cual lo hicimos al inicio). Para este 2 intento, levántale la muñeca y luego bájasela, hablando en voz más baja, pero todavía manteniendo una conversación a un ritmo normal.

3 PARTE: Continuamos diciendo: Ahora voy a hablar contigo de cierta manera, (Modulas el ritmo, compás y volumen de tu voz) y mientras que la mano llega a un

cierto punto, verás que hay una serie de cosas que estarán sucediendo dentro de ti; que te permitirán saber que vas a entrar en hipnosis... y (Repetimos igualmente la 1 PARTE del ejercicio, tal cual lo hicimos al inicio). Para este 3 intento, levántale la muñeca y pídele que cierre sus ojos. Y continuamos con la inducción diciéndole: Ahora veras y sentirás como poco a poco tus parpados comenzaran a pesarte y esa sensación harán que comiences a pestañar más y más de lo normal, tu mirada comenzara a sentir y verse cada vez más y más borrosa, hasta el momento en que tus ojos comenzaran a cerrarse suavemente, tu respiración cambiará, tu respiración se hará cada vez, más y más pausada, tu ritmo cardiaco disminuirá un poco, y todas esas sensaciones juntas, te van a estimular a ir aún estado de relajación todavía más y más profundo, y esa sensación te dará paz y sentirás un bienestar y tranquilidad por todo tu cuerpo.... Siente como descansas, sientes como te duermes, sientes como estás tan relajado... relajado (Aquí te acercas a la persona, y comienzas a mecerla, moverla ligeramente de un lado a al otro, o de atrás hacia adelante, para estimularle la sensación de relajación profunda y generar el "Estado de Trance Hipnótico Deseado) Ok lo estás haciendo muy bien, eso es... Ahora cuando baje tu brazo izquierdo nuevamente, vas a volver de regreso de ese estado de hipnosis profunda, y estarás aquí conmigo completamente despierto... Si entendiste asiente con la cabeza, SI ok, listo entonces vamos a mover la mano hacia abajo de esta manera y comenzaras a despertar. Ok DESPIERTA

4 PARTE: Continuamos con la inducción diciendo: Ahora escucha mi voz, voy a hablarte y decirte lo que debes hacer, como lo hemos realizado anteriormente, estás de acuerdo (Modulas el ritmo, compás y volumen de tu voz) aquí nuevamente (Repetimos la 1 PARTE del ejercicio, tal cual ya lo hemos realizado anteriormente). Para este 4 intento, levantamos su mano izquierda tomada por la muñeca y le pedimos que a medida que su mano suba, y se levante cierre sus ojos. A continuación seguimos con inducción diciéndole: Ahora quiero que te des la oportunidad de experimentar nuevamente la sensación de paz, bienestar, tranquilidad... Siente como tus parpados comienzan a pesarte y esa sensación harán que comiences a pestañar más y más de lo normal, tu mirada comenzara a sentir y verse cada vez más y más borrosa, hasta sentir el deseo de cerrar tus ojos suavemente, tu respiración cambiará más y más relajada, tu respiración se hará cada vez, más y más pausada, tu ritmo cardiaco disminuirá un poco más y más, y todas esas sensaciones juntas, te van a estimular a ir aún estado de relajación todavía aún más y más profundo, y esa sensación te dará paz y sentirás un bienestar y tranquilidad por todo tu cuerpo.... Quiero que te permitas sentir como descansas, sientes como te duermes, sientes como estás tan relajado... relajado (Aquí te acercas a la persona, y comienzas a mecerla, moverla ligeramente de un lado a al otro, o de atrás hacia adelante, para estimularle la sensación de relajación profunda y generar el "Estado de Trance Hipnótico Deseado) Eso es, lo estás haciendo muy bien, correcto... Muy bien, eso es lo hiciste muy bien... Ahora cuando baje tu brazo izquierdo nuevamente, vas a volver de regreso de ese estado de hipnosis profunda, y estarás aquí conmigo completamente despierto... Si entendiste asiente con la cabeza, SI ok, listo entonces vamos a mover la mano hacia abajo de esta manera y comenzaras a despertar. Ok DESPIERTA

5 PARTE: Ahora quiero que recuerdes la sensación de paz, tranquilidad y bienestar que hemos experimentado hasta aquí... Concentras en esa sensación disfrútala, vívela, relájate, muy bien, perfecto... Ahora es el momento de hacerlo por ti mismo(a), todo lo que quiero que hagas es que cuando te diga que subas tu mano izquierda, te permitas subirla a medida que entras en un estado de trance hipnótico muy profundo, más del que hemos estado hasta ahora, y cuando te diga que bajes el brazo izquierdo, te permitas ahora comenzar a bajarla, a medida que comienzas a despertarte lentamente poco a poco y te repongas tu estado original... Estás de acuerdo, Si, Ok comencemos... Quiero que cuando estés listo, y preparado para entrar en hipnosis, levantes tu mano suavemente para que vuelvas a entrar en ese estado de paz, tranquilidad y bienestar que hemos experimentado antes, pero esta vez, permítete entrar aún más y más profundo, LEVANTA TU MANO AHORA... Eso es, muy bien, lo estas consiguiendo, siente como a medida que tu brazo izquierdo se eleva te relajas, siente como a medida que tu brazo sube entras en un estado de paz y bienestar y entras más y más a un estado profundo de trance hipnótico, Probablemente notarás que tus parpados pesan más y más, sentirás como tus ojos se encuentran completamente cerrados, eso va a ser determinado por ti mismo. Yo solo voy a ayudarte a relajaste más y más (Aquí te acercas a la persona, y comienzas a mecerla, moverla ligeramente de un lado a al otro, o de atrás hacia adelante, para estimularle la sensación de relajación profunda y generar el "Estado de Trance Hipnótico Deseado) Ok lo estás haciendo muy bien, eso es... Ahora cuando te diga que bajes tu brazo izquierdo, lo bajaras y nuevamente vas a volver de regreso de ese estado de hipnosis profunda, y estarás aquí conmigo completamente despierto... Si entendiste asiente con la cabeza, SI ok, listo entonces mueve tu mano izquierda y bájala hacia y comenzaras a despertar. Ok DESPIERTA

Como ya te pudiste haber dado cuenta, en cada parte voy añadiendo unos cuantos pasos más, que son pequeños detalles que voy incorporando en la inducción. Acompasando y llevando de la mano su experiencia a través del rapport, la calibración, el reencuadre y los anclajes. En otras palabras señalo lo que está sucediendo (calibración) mientras que ambiguamente sugiero lo que va a pasar (reencuadre) y está pasando todo el tiempo, mientras buscos cualquier signo de hipnosis (calibración) que se vaya desarrollando, y así poder ir construyendo un patrón de acción (acompasamiento) mientras mantengo la conversación fluida y dinámica con la persona (rapport) y a través del contacto físico kinestésico voy generando estímulos y respuestas (anclajes)... que finalmente me permitan llevar a la persona al Estado De Trance Hipnótico Deseado.

6 PARTE: Ahora bien; para continuar, si es necesario, podemos repetir el ejercicio nuevamente. De ser necesario la repetición del ejercicio, lo único que tendremos que hacer es repetir el paso anterior, es decir (Repetimos la 5 PARTE del ejercicio, tal cual ya lo hicimos en el paso anteriormente) y listo...

Es probable que la persona, si hemos realizado correctamente el Ejercicio de Ensayo o Ejercicio de Simulación en la cuarta o quinta vez que hayamos realizado la prueba encubierta, seguramente el sujeto comenzara a levantar y bajar su brazo izquierdo inconscientemente. En otras palabras, la persona comenzara a levantar y bajar el brazo izquierdo por sí solo, incluso antes de tocarlo. Lo que ocurre en estos casos; es que cuando ensayas o simulas un fenómeno hipnótico, entrenas la mente subconsciente de la persona para que su brazo responda automáticamente, al escuchar la inducción. Y esto es lo que quieres, esto es lo que esperamos cuando realizamos los ejercicios de ensayos o ejercicios de simulación... Generar en la persona en cuestión la capacidad de reproducir el fenómeno hipnótico que le estamos sugiriendo y llevarlo a entrar del estado Z1, al estado Z2. Cuando se hace todo, el procedimiento correctamente, lo que hacemos es darle al sujeto la cantidad mínima de estímulo, movimiento hacia arriba con el dedo en la parte inferior de su muñeca, para estimular la respuesta, que es la subida del brazo... Mientras que nosotros nos concentramos en el desarrollo del ejercicio y prestamos atención a las otras señales que nos indiquen que la persona está entrando en hipnosis, al percatarnos de ellos, hacemos un profundizador de estado... Y profundizamos a la persona en el estado Z2 y continuamos con otro convencedor.

RECOMENDACIONES ADICIONALES: Si su brazo permanece suspendido en el aire por sí solo, es que ya la persona ha entrado en el estado de trance hipnótico cataléptico y está entre los estados Z1 y Z2...

Si al contrario el brazo izquierdo de la persona aún no se mantiene del todo suspendido... Podemos seguir repitiendo el ejercicio, una manera ideal de hacerlo y provocar la catalepsia del brazo es que cuando demos la orden de subir el brazo, le ayudemos sutilmente a subirlo.

Una de las maneras en cómo yo lo hago es que incluso cuando voy a soltarlo, yo tiendo a soltar lentamente todos los dedos, excepto el dedo índice que se encuentra en la parte posterior de su muñeca. Esto le da el mensaje a la persona de que mi mano sigue en su mano de alguna manera, esto permitirá medir el grado o nivel hipnótico en el que se encuentra el sujeto...

Si la persona responde bien, y deja su mano suspendida cuando le retiramos sutilmente el dedo índice, entonces esto quiere decir que hemos logrado nuestro objetivo, y si al contrario aun sentimos que le falta más sugestión para estimularlo a reproducir el fenómeno por sí mismo, entonces simplemente se puede repetir el ejercicio nuevamente si es necesario. Y veras como finalmente la persona terminará entrando en el estado de trance hipnótico deseado, y la hipnosis habrá logrado su objetivo...

PALABRAS FINALES

Bueno campeones y campeonas "{(FELICIDADES)}", ya hemos llegado al FINAL de éste maravilloso Libro EL PODER DE LA HIPNOSIS en su EDICIÓN ESPECIAL, que con tanta dedicación escribí para ti. Fue un largo proceso de formación y aprendizaje que juntos TÚ y YO recorrimos en esta jornada HACIA TÚ ÉXITO Y REALIZACIÓN PERSONAL.

Éste LIBRO lo cree y diseñe pensando en TI, de manera SISTEMÁTICA como un MANUAL PRÁCTICO DE INSTRUCCIONES paso a paso; con el objetivo de ir pasándote por un proceso mental de formación continuo de aprendizaje, a través de un "{(PATRÓN DE ACCIÓN)}" bien preparado y simplificado para brindarte resultados eficaces, óptimos, efectivos y permanentes mediante las herramientas más poderosas y las metodologías de la HIPNOSIS MODERNA, TRANCE y FENÓMENOS HIPNÓTICOS, HIPNOSIS ERICKSONIANA y FREUDIANA, SUGESTIONES e INDUCCIONES HIPNÓTICAS, HIPNOSIS CONVERSACIONAL, PATRONES HIPNÓTICOS PERSUASIVOS y SHOW DE HIPNOSIS DE ESPECTÁCULO combinada con la técnicas y metodologías más avanzadas de la HIPNOSIS PSICOLINGÜÍSTICA y la PNL APLICADA (Programación Neurolingüística).

Recuerda APRENDIZ, que si realmente deseas profundiza, en este Arte Magistral de la HIPNOSIS y el HIPNOTISMO a niveles superiores... TE INVITO a leer la TRILOGÍA completa de la SERIE: PNL Aplicada, Influencia, Persuasión, Sugestión e Hipnosis los Volumen 2 y 3, donde aprenderás más Inducciones, Pruebas Encubiertas, Pruebas de Sugestionabilidad, Convencedores y Profundizadora de Estados Hipnóticos junto a otras TÉCNICAS y Metodologías Avanzadas, mientras que al mismo tiempo te enseñare como realizar y crear tus propios ejercicios hipnóticos del alto nivel.

TE IMAGINAS todo lo que puedes lograr conseguir al aprender a dominar estas técnicas y metodologías avanzadas de HIPNOSIS correctamente. TE PUEDES IMAGINAR cómo cambiaría tu vida extraordinariamente para bien, al poder conquistar todos tus sueños y objetivos que te propongas alcanzar con la hipnosis, gracias a estos principios. ¡AHORA ES POSIBLE!

*** ~~~*** ~~~*** ~~~

FELICITACIONES HEMOS TERMINADO EL ÚLTIMO LIBRO DE LA SERIE...

"PNL, Life Coaching, Influencia, Persuasión e Hipnosis - Volumen 1 de 4"

Si te ha gustado este libro sobre PNL

"COMPARTIRLO y DÉJANOS UN COMENTARIO"

Con tu ayuda podemos llegar a más personas. Gracias por tu Contribución.

*** ~~~*** ~~~*** ~~~

Es Hora de Comenzar a Vivir

UNA VIDA MARAVILLOSO

Centrada en Principios

Recuerda: TOMAR ACCIÓN y

HACER QUE LAS COSAS SUCEDAN

Y pronto Tu y Yo nos veremos en la

CÚSPIDE DE LA EXCELENCIA

Tu Gran Amigo Ylich Tarazona

MásterCoach.YlichTarazona@gmail.com

*** ~~~*** ~~~*** ~~~

SOBRE EL AUTOR

BACKGROUND PROFESIONAL:

Máster Coach YLICH TARAZONA *Reconocido* **Escritor**, *Autor Best-Seller,* **Orador** *Internacional y* **Conferenciante** *de Alto Nivel.*

Hipnólogo, Experto en **PNL** *(Programación Neurolingüística)*, **Coaching Ontológico, Hipnoterapia Gestalt, Hipnosis Ericksoniana** e **Hipnosis Cognitivo-Conductual.**

Considerado en los distintos medios de comunicación como uno de los **Hipnólogos** más destacado e influyente dentro del campo de la **NEUROCIENCIA TRANSFORMACIONAL** y **LA EXCELENCIA PERSONAL** a través de la **HIPNOSIS**; *destinado a ejercer un* **LEGADO** *en la vida de cientos y miles de personas, a través de su* **PASIÓN, ENTUSIASMO, DINAMISMO** *y* **VOCACIÓN CENTRADA EN PRINCIPIOS.**

Hombre de **Firmes Convicciones Cristianas**; centrado en Principios y Valores.

Fundador de **HIPNO-REINGENIERÍA y BIOPROGRAMACIÓN MENTAL - Un Salto Cuántico para la Evolución del Ser.** Un programa *Offline* y *Online* dedicado a brindar **COACHING ONTOLÓGICO** en la **Transformación del SER** y el **Desarrollo del Máximo Potencial Humano.** *Especialistas en el Entrenamiento, Formación y Adiestramiento de alto nivel a través de la* **HIPNOSIS** *y la* **PNL** *un para Alcanzar Metas, Concretar Objetivos y Consolidar Resultados Eficaces de Óptimo Desempeño a Nivel Integral.*

Avalado por CEDHI - Sistema Internacional de Impulso y Promoción al Conferencista y Consultor (SIIP)

http://cedhi.corporativonavarro.com.mx/cvylich.html

Creador del SISTEMA DE COACHING PERSONAL en REINGENIERÍA CEREBRAL y BIOPROGRAMACIÓN MENTAL para Alcanzar Metas Concretar Objetivos y Consolidar Resultados Eficaces de Óptimo Desempeño a través de una serie de Audios Podcasts Tele-Seminarios Online Talleres Audiovisuales Webinars y Conferencias Magistrales de Carácter Presencial.

El Sistema Integral De Coaching Personal fundamenta sus principios a través de la PNL o PROGRAMACIÓN NEUROLINGÜÍSTICA la REINGENIERÍA CEREBRAL la BIOPROGRAMACIÓN MENTAL y la HIPNOSIS como técnicas y metodologías avanzadas para producir cambios positivos en los patrones del pensamiento y generar resultados eficaces de alto rendimiento y óptimo desempeño tanto nivel individual como organizacional. Dicho SISTEMA DE ENTRENAMIENTO Offline y Online han marcado las vidas de cientos de emprendedores de forma presencial y ha cambiado los paradigmas mentales de miles de personas a nivel mundial vía virtual. Inspirando a quienes participan escuchan ven o leen sus enseñanzas a vivir de forma extraordinaria centrada en principios

LIBROS AUDIOS Y CONFERENCIAS DEL AUTOR

https://www.smashwords.com/profile/view/MasterCoachYlichTarazona

Creador del LIBRO EL PODER DE LA HIPNOSIS y del CURSO DE HIPNOSIS PRÁCTICA. *Extraordinaria serie de CURSOS TEÓRICO PRÁCTICO sobre AUTO-HIPNOSIS e HIPNOSIS MODERNA Trance y Fenómenos Hipnóticos Sugestiones e Inducciones de Alto Nivel Pruebas de Sugestionabilidad Pruebas Encubiertas Convencedores y Profundizadores de Estados Hipnóticos que permite al participante aprender "Cómo HIPNOTIZAR a Cualquier Persona en Cualquier Momento y en Cualquier Lugar".*

Reconocido **"Autor de la Serie de LIBROS Secuencias de E-BOOKS y CONFERENCIAS MAGISTRALES" de [HIPNO-REINGENIERÍA CEREBRAL y BIOPROGRAMACIÓN MENTAL].** *Entre los más destacados tenemos "Programa Tu Mente y Determina Tu Futuro" "Sanate a ti Mismo y Libérate del Autosabotaje Interno" "El Poder del Cambio y la Reinvención Personal" "Posiciona tu Marca personal o Personal Branding" Reingeniería de los Procesos del Pensamiento entre otros.*

Autor Superventas de la Serie de MULTINIVEL [LOS CICLOS MAESTROS DE LA DUPLICACIÓN Y LA MULTIPLICACIÓN en el NETWORKS MARKETING] *[Conceptos y Nociones Avanzadas Sobre la Industria del NETWORK MARKETING] [Cuaderno de PLANIFICACIÓN EMPRESARIAL y PLAN DE ACCIÓN MENSUAL para la Ejecución y el Enfoque] y [Conceptos y Nociones Avanzadas Sobre la Industria del NETWORK MARKETING]. Leyes y Principios Universales para Desarrollar Tu Negocio Multinivel de Forma Profesional Vol. 1 2 3 y 4.*

Creador del WEBINARS Audio Visual TELE-SEMINARIO Online y CONFERENCIA Magistral [Redescubriendo Tu Propósito y Misión de Vida] *[El Poder del Enfoque] y [Libérate del Autosabotaje Interno] [Como Mejora Tu Autoestima] [Rediséñate y Reinventa tu Vida] [EL PODER DEL DE METAS Principios de Planificación Estratégica y Metodologías para Alcanzar y Conquistar tus Sueños] entre otros.*

Co-Creador y Re-Diseñador del "MODELO de la PNL" y la fórmula efectiva "{(E - S.M.A.R.T - E.R)}" *[Para el Establecimiento y Fijación de METAS plan de acción y principios de planificación estratégicas para alcanzar y consolidar objetivos]*

PROPÓSITO MISIÓN Y VISIÓN PERSONAL:

MI PROPÓSITO: Transmitir a todos mis lectores la fortaleza y los recursos necesarios que les permitan seguir adelante siempre con confianza y optimismo pese a las adversidades. GUIÁNDOLOS COMO SU MENTOR y COACH PERSONAL a encontrar su misión de vida a través de una oportunidad real de crecimiento personal que les ayude a aclarar sus ideas establecer sus metas y elaborar un plan de acción bien definido que les permita conquistar con éxito sus más anhelados sueños. Permitiéndoles crear su propio futuro escribiendo la historia de su propia vida y forjando su propio destino a través un ciclo continuo de tácticas y estrategias creadas para tal fin.

De igual manera deseo ayudar a mis lectores aprendices participantes y seguidores a cambiar los patrones negativos de pensamientos y las estructuras mentales limitadoras enseñándoles a consolidar sus competencias y desarrollar el máximo de su potencial humano.

MI MISIÓN: Llegar a ser un instrumento en las manos de DIOS que me permita impactar en las vidas de cientos miles y millones de personas alrededor del mundo.

Dejar una huella que marque la diferencia en las vidas de las personas a quienes enseño y llevo mi mensaje. Así como también dejarles un legado que transcienda en el tiempo. Y les permita evolucionar en todos los aspectos transcendentales e importantes de sus vidas tanto en lo personal espiritual emocional, así como también profesional académica y financieramente.

MI VISIÓN: Llevar a las personas esperanza y una opción que les permita transformar sus vidas para mejor poder ayudarles a desarrollar esa semilla de grandeza que todos llevan dentro de su interior y motivarlos a consolidar posicionar y expandir el máximo de su potencial humano al siguiente nivel de éxito.

Y finalmente poder establecer una conexión y empatía con todos mis lectores participantes y seguidores que me permita ir escalando en la relación con cada uno de ellos en la medida que sea posible. Al mismo tiempo que les enseño a posicionarse y consolidarse en todos los aspectos de su vida de manera equilibrada...

Ayudándoles a interiorizar los principios correctos que les permitan REINVENTARSE creando una nueva y mejorada versión de sí mismos. Abriéndoles nuevos caminos aperturándoles nuevas oportunidades de éxito que les permita conducir su vida a reencontrarse a sí mismo en el camino a la transformación y la excelencia personal. Y finalmente retomar con mayor fuerza su camino hacia su éxito y excelencia personal...

"Creo firmemente que dentro del interior de cada uno de nosotros existe una semilla de grandeza y reside una vasta reserva de potencialidades y competencias ilimitadas que habitualmente permanecen adormecidas esperando ser descubiertas y desarrolladas para florecer hacia nuestro mundo exterior. Cuando cada uno de nosotros despierte ese potencial individual redescubramos cual es nuestra misión y el propósito que le da sentido a nuestra vida abriremos el camino a un nuevo despertar consciente a lo que yo llamo REINVENCIÓN y REINGENIERÍA PERSONAL" -. YLICH TARAZONA.

*** ~~~*** ~~~*** ~~~

OTRAS PUBLICACIONES EDICIONES ESPECIALES MINICURSOS Y LIBROS CREADOS POR EL AUTOR

Hola que tal mi gran amigo y amiga LECTOR fue un placer haber compartido contigo este tiempo de lectura espero hayas disfrutado al máximo d la información contenida en este libro que con tanto cariño preparé para ustedes.

Si deseas conocer algunas otras de mis obras te invito a visitar mi portal oficial donde encontraras los siguientes títulos los ENLACES los dejare al final.

1.- PROGRAMA TU MENTE Y DETERMINA TU FUTURO - Mejora Tu Autoestima Enfoca tus Pensamientos y Conquista todo lo que te Propongas en la Vida

2.- SANATE A TI MISMO Y LIBÉRATE DEL AUTO SABOTAJE - Aprende a Fortalecer Tu Guerrero Interior Equilibrar tus Canales Energéticos Controlar tus Emociones

3.- EL PODER DEL CAMBIO Y LA REINVENCIÓN PERSONAL - El Arte de REDISEÑAR tu Vida REINVENTARTE EMPRENDER INNOVAR y Crear una Nueva y Mejorada Versión de ti Mismo

4.- DESCUBRE TU PROPÓSITO Y ENCUENTRA TU DESTINO - Fundamentos para Vivir una Vida Centrada en Principios y Conectada con Tu Visión y Misión de Propósito

5.- POSICIONANDO TU MARCA PERSONAL - Cómo Marcar la Diferencia Consolidarte y Posicionar Tu Marca Personal Triunfadora en un Mercado Competitivo

6.- EL PODER DEL DE METAS Y EL ESTABLECIMIENTO DE OBJETIVOS - Principios de Planificación Estratégica para Alcanzar y Consolidar tus Sueños y Objetivos paso a paso.

7.- REINGENIERÍA MENTAL Y REDISEÑO DEL PENSAMIENTO - Aprende a Reprogramar Tus Procesos Mentales y Generar una Reinvención Personal.

8.- PROGRAMACIÓN NEUROLINGÜÍSTICA - Guía Práctica de PNL APLICADA - Metodologías Modernas y Técnicas Efectivas para Cambiar tu Vida.

9.- EL PODER DE LAS METÁFORAS Y EL LENGUAJE FIGURADO - Historias Parábolas Metáforas y Alegorías Poderosas Herramientas Persuasivas en la Comunicación.

10-. EL PODER DE LA HIPNOSIS - Manual Teórico-Práctico de Formación en HIPNOSIS y el Desarrollo de Habilidades Hipnóticas Persuasivas

11-. CURSO DE HIPNOSIS PRÁCTICA - Como HIPNOTIZAR a Cualquier Persona en Cualquier Momento y en Cualquier Lugar

12.- REDES DE MERCADEO MULTINIVEL - Los Ciclos Maestros de la Duplicación y la Multiplicación en el Network Marketing

13.- CUADERNO DE PLANIFICACIÓN EMPRESARIAL - Plan de Acción Mensual Para Desarrollar Exitosamente Tu Negocio Multinivel de Forma Profesional

14.- NETWORK MARKETING MULTINIVEL - Redes de Mercadeo La Gran Oportunidad de Negocio del Siglo XXI Rumbo a tu Libertad Financiera

15. PALABRAS INSPIRADORAS Y FRASES CÉLEBRES - Colección con más de 800 Pensamientos y Citas Motivadoras de los Líderes Más Grandes de la Historia

16.- ENGRAMA Y CONCIENCIA NEURONAL - Teoría de la Relación entre la Mente Consciente y Subconsciente.

17.- EL PODER ILIMITADO DE LA MENTE SUBCONSCIENTE - Tomar el Control de Tus Pensamientos y Programa tu Mente para el Éxito.

18.- PROGRAMACIÓN MENTAL PARA EL ÉXITO - Un Salto Cuántico para la Evolución del SER - La Nueva Era del Pensamiento y El Despertar de la Consciencia.

19.- FORMACIÓN LIFE COACHING CON PNL - Conocimientos Habilidades Técnicas Prácticas y Metodologías del Coaching para el Logro de Objetivos. Próximamente ...

20.- VENTAS MAGISTRALES CON PNL - El Poder de la Programación Neurolingüística Aplicada a las Ventas. Próximamente ...

Para adquirir otras OPCIONES DE PRESENTACIÓN y adquirí los LIBROS en versiones TAPA BLANDA ESTÁNDAR o PREMIUM TAPA DURA PROFESIONAL CON o SIN SOLAPA CON o SIN CONTRAPORTADA en diferentes calidades de impresiones (Blanco y Negro Full Color Hoja Ahuesada Premium) en Tamaño Bolsillo Impresión Americana o Espiral...

Puedes hacerlo a través mis otros Portales OFICIALES.

https://www.amazon.com/Ylich-Eduard-Tarazona-Gil/e/B01INP4SU6

https://www.smashwords.com/profile/view/MasterCoachYlichTarazona

TEN SIEMPRE PRESENTE QUE: El aprendizaje constante la formación continua y el estudio permanente son las claves entre los que logramos el éxito de aquellos que no lo logran - Ylich Tarazona.

*** ~~~*** ~~~*** ~~~

SELLO: INDEPENDENTLY PUBLISHED

ISBN: 9781082068621

*El derecho de **YLICH TARAZONA** a ser identificado como el **AUTOR***

*de este trabajo ha sido afirmado por **SafeCreative.org**.*

***Código de Registro**: **1711134805230** de conformidad con los*

***Derechos de Autor en todo el Mundo**.*

Fecha de Publicación**: **13/11/2017

Si este de libro sobre **HIPNOSIS** en su **EDICIÓN ESPECIAL** le ha interesado y desea que lo mantengamos informado de nuestras próximas publicaciones, ediciones, minicursos, reportes especiales, videoconferencias, webinars, audiolibros, podcasts, sesiones de life coaching y PNL, hipnoterapias, terapias alternativas, eventos corporativos, cursos, talleres, seminarios entre otras actividades o materiales didácticos diseñados y **creados por el autor** & **Hipno-Reingeniería Mental** escríbanos indicándonos cuáles son los temas de su interés y gustosamente le mantendremos actualizado.

También puede contactarse directamente con el AUTOR

MasterCoach.YlichTarazona@Gmail.Com

*** ~~~*** ~~~*** ~~~

sostuvieras una pistola. Y Luego lo separaras como unos 2 o 3 cm de distancia, quedando en forma de "V". (Colocaremos nosotros los dedos en la posición correcta, como referencia de lo que el sujeto deberá ir haciendo con nosotros)

Paso 5: Una vez llegado hasta este punto; continuamos explicándole, diciéndole: Bien ahora te concentraras, y miraras enfocado el espacio entre los dedos índices, mira tus dedos y concéntrate en ellos, porque en un momento veras y sentirás como tus dedos van a juntarse, pegándose y entrar en contacto entre sí, al igual que sucedería con dos pares de imanes muy potentes, que se atraen poderosamente entre sí. (Hacemos el gesto de pegar y unir los dedos, para sugestionar a la persona e indicarle que eso es lo que iba a suceder). "Es importante decirle al sujeto que enfoque su mirada a la distancia que hay entre sus dedos, que se deje absorber por esa distancia, y que imagine que tuviera un fuerte imán en cada uno de sus dedos"

"Este paso es el más importante, ya que aquí es donde declaramos al sujeto la orden de que sus dedos se irán acercando, y que finalmente estos terminaran tan pegados que les será imposible despegarlos... Si logramos esto... El objetivo fue cumplido. Y podemos dar por terminado el ejercicio, como una prueba de sugestionabilidad de la Familia Fisiológica", "Si deseamos llevar el ejercicio de los Dedos Magnéticos "o" Dedos Pegados al siguiente nivel podemos pasar al profundizador de estados y continuar el ejercicio para pasar al sujeto del estado Z1 al estado Z2" ... Esto lo explicare más adelante en los pasos 7 y 8

Paso 5: En este punto, ya la persona está en la posición de plegaria, con los codos doblados, las manos bien ajustadas y los dedos índice separados en forma de "V" a unos 2 o 3 cm de distancia... Aquí mantenemos la sugestión de la siguiente manera: Ok, eso es, muy bien, lo estás haciendo correctamente, ahora quiero que sienta como esos imanes cada vez más se van atrayendo uno del otro, quiero que te permitas sentir como esos dos imanes van cogiendo más y más fuerza atrayéndose entre sí, de tal manera que ya se te hace imposible resistirte a esa atracción... Esa atracción es tan real, que ve ahora como la distancia entre tus dedos cada vez es y más angosta, eso es muy bien... Siente y observa como la distancia entre los dos dedos o imanes cada vez es menos, de tal manera que puedes percibir que ya pronto se pegaran... Cuando se junten los dedos, ahora empezamos a pegárselos, sugestionándolo de la siguiente manera: Correcto muy bien, vez lo hemos logrados, tus dedos se han atraído entre sí, y ahora puedes ver y sentir que están pegados. Ahora quiero que te imagines como tus dedos comienzan a fundirse, unirse, pegarse fuertemente entre sí, uno del otro, Siente como esos imanes se pegan, como si tus dedos fuera una única pieza de metal imposible de separar, cuanta más fuerza hagas por separar los dedos más pegados estarán, cuanto más trates de separarlos más y más pegados estarán, a tal grado que por unos momentos se quedaran fundidos, pegados, unidos inseparablemente uno del otro.

Paso 6: "En este punto empezaremos a observar como la punta de los dedos del sujeto se empieza a mantener unidas, atraídas y pegadas; y la sugestión se hace cada vez más evidente y hacerse cada vez más clara, y podemos percibir la presión que la persona está ejerciendo en ese momento le decimos que intente separarlo y va a comprobar que es totalmente imposible" Una vez logrado el ejercicio correctamente, le decimos a la persona que vamos a contar del 1 hasta 3, y cuando dedos van a juntarse, pegándose y entrar en contacto entre sí, al igual que sucedería con dos pares de imanes muy potentes, que se atraen poderosamente entre sí. (Hacemos el gesto de pegar y unir los dedos, para sugestionar a la persona a hacerlo cuando le toque realizarlo a él). Una vez realizada la explicación, le preguntamos al sujeto que, si entendió, y que si está de acuerdo en comenzar a realizar el ejercicio ahora contigo. Si responde que sí, Comenzamos el ejercicio y listo.

Dedos Magnéticos "o" Dedos Pegados, Ejecución de la Técnica

Los pasos para seguir después de explicarle detalladamente los procedimientos que debe seguir el sujeto para realizar el ejercicio, como lo explicamos en el apartado anterior... Una vez; hecho esto pasamos a la parte de Yes Set y continuamos así:

1.- Lo que está en cursiva es el guion de las inducciones y sugestiones que debemos decir al SUJETO... (2.- Lo que está entre paréntesis () y en negrita cursiva son las instrucciones para el HIPNOTIZADOR) ... "3.- Las palabras que continúan en formato normal entre comillas, "" son algunas instrucciones adicionales" ...

Yes Set: Puedes sentarte/pararte "Si", Puedes juntar las piernas/los pies "Si", AHORA concéntrate en el ejercicio y sigue todas mis instrucciones estás de acuerdo "Si".

Paso 1: Ok, comencemos, primeramente, quiero que te relajes y respires profundamente, Inhala y Exhala, Inhala Exhala, Inhala Exhala. Así es; correcto, lo estás haciendo muy bien. (Aquí comprobamos que este siguiendo nuestras instrucciones). Ahora quiero que coloques tus manos frente a ti de esta manera. (La colocamos nosotros, como referencia de lo que el sujeto debe hacer; y le movemos las dos manos al sujeto, como si estuviéramos colocándoles sus manos en alguna posición correcta "Esto es solo para hacerle pensar que la posición de las manos tiene alguna influencia en el ejercicio... Aunque en realidad es un efecto placebo psicológico para sugestionarlo a pensar que así es"). Perfecto; así es, muy bien.

Paso 2: Continuamos con nuestra explicación diciéndole: Ahora puedes entrelazar las manos; con las palmas juntas, y los dedos entrelazados entre sí, y los pulgares cruzados, y bien ajustaditos así. (Nuevamente colocamos nuestras manos entrelazadas, como referencia de lo que el sujeto deberá de hacer)

Paso 3: Continuamos con la inducción diciéndole: Ahora doble los codos como si estuvieras haciendo una oración. (Doblamos nuestros codos, como referencia). En este punto; podemos hacer la pequeña broma, y decirle a la persona en tono de juego que "puede hacer una oración mientras está allí si quiere" =). "Esto es solo una afirmación divertida, que nos permite eliminar la tensión o distracción en la persona, y generar rapport con el sujeto". "Una vez que la persona se pone en la posesión de plegaria, con las manos bien entrelazadas, comprobamos con un suave tirón hacia los lados, para asegurarnos que las tiene apretadas, esto permitirá insinuarle al sujeto que debe mantener esa presión en el transcurso del ejercicio...

Paso 4: Luego seguimos con la explicación del ejercicio, diciéndole lo siguiente: Ahora pondrás tus dedos índices de esta manera, en posición hacia arriba, como si

Yes Set: Técnica utilizada para conseguir poner al sujeto de nuestra parte, y que esté de acuerdo con nosotros en al menos 3 "SI" seguidos ("ordenes encubiertas").

POR EJEMPLO: Puedes sentarte/pararte "Si", Puedes juntar las piernas/los pies "Si", puedes tomar una respiración profunda "Si". A partir de ese momento, será mucho más sencillo que su mente subconsciente ACCEDA a nuestras sugestiones e inducciones más libremente, así que ya está preparado para comenzar el proceso hipnótico.

Dedos Magnéticos "o" Dedos Pegados, Explicación de la Técnica

Esta prueba se puede realizar a nivel individual o en grupo y se puede hacer de pies o sentado, indiferentemente como lo prefieras. En este ejercicio; lo que vamos a hacer es, que los dedos índices del sujeto se junten "se peguen" como si fueran dos imanes que se atraen entre sí.

RECOMENDACIONES: Lo primero que debemos hacer antes de realizar cualquier prueba encubierta, prueba de sugestionabilidad, convencedores o profundizadora de estados es explicarle detalladamente a la persona que es lo que va a suceder. Es decir; mostrarle al sujeto antes de comenzar el ejercicio, lo que debería de hacer, y enseñarle como debe hacerlo... Ya que esto nos da dos ventajas: 1ra sugestionamos al sujeto y lo preparamos sutilmente a pensar en lo que va a pasar. 2do prevenimos que el sujeto reaccione o responda de la manera opuesta a lo que queremos generar.

Una forma de hacerlo sería algo así: OK, vamos a intentar algo interesante. Un ejercicio muy sencillo para estimular y potencializar tu poder de concentración. Me gustaría que coloques tus manos frente a ti de esta manera. (La colocamos nosotros, como referencia de lo que el sujeto deberá de hacer a su tiempo)

Continuamos con nuestra explicación diciéndole: Ahora puedes entrelazar las manos; con las palmas juntas, y los dedos entrelazados entre sí, y los pulgares cruzados, y bien ajustaditos así. (Nuevamente colocamos nuestras manos entrelazadas, como referencia de lo que el sujeto deberá de hacer después)

Continuamos con la inducción diciéndole: Ahora doble los codos como si estuvieras haciendo una oración. (Doblamos nuestros codos, como referencia). Yo en este punto; siempre hago una pequeña broma, y le digo a la persona en tono de juego que "puedes hacer una oración mientras estás allí si quiere" =). Solo es un comentario gracioso, que, utilizado apropiadamente, nos permite eliminar la tensión o distracción en la persona, y generar rapport con el sujeto.

Luego seguimos con la explicación del ejercicio, diciéndole lo siguiente: Ahora pondrás tus dedos índices de esta manera, en posición hacia arriba, como si sostuvieras una pistola. Y Luego lo separaras como unos 2 o 3 cm de distancia, quedando en forma de "V". (Colocaremos nosotros los dedos en la posición correcta, como referencia de lo que el sujeto deberá de hacer más adelante)

Una vez llegado hasta este punto; continuamos explicándole, diciéndole: Bien ahora te concentraras, y miraras enfocado el espacio entre los dedos índices, mira tus dedos y concéntrate en ellos, porque en un momento veras y sentirás como tus inconsciente del sujeto otorgará al HIPNOTIZADOR un poder que no posee realmente; solo pareció que así fuera.

DESVIAR LA SUGESTIÓN.

Si se ha logrado que el individuo acepte un hecho que, de todos modos, se habría producido de forma espontánea o natural LA UNIÓN DE LOS DEDOS MAGNÉTICOS (que los dedos se peguen). Entonces; si en ese momento sincronizamos por medio de la sugestión, ese individuo estará preparado para aceptar una leve desviación, gracias a ese poder que nos ha otorgado inconscientemente. Si, al sentir pegar sus dedos, usted ha aceptado cerrar los ojos, convencido de que soy el autor de la atracción, con mucha más razón aceptará, relajarse y dormir profundamente.

EN RESUMEN:

Creamos una situación de la cual conocemos las consecuencias psicológicas.

Sincronizamos por medio de la sugestión.

Y Desviamos la sugestión hacia un objetivo determinado.

1°. - DEDOS MAGNÉTICOS - DEDOS PEGADOS (FAMILIA SENSORIAL)

Esta 1ra técnica de sugestión e inducción de Dedos Magnéticos o Dedos Pegados, son una "Prueba de Sugestionabilidad" y un "Convencedor" que tiene un fuerte componente FISIOLÓGICO, (Función Orgánica o Respuesta Natural del Cuerpo) y SENSORIAL" Sugestionabilidad o Respuesta Inductiva Psicológica que nos permite crear una situación, sincronizarla por medio de la sugestión y luego desviarla hacia un objetivo determinado.

Cosas que nos ayudaran en nuestro proceso de "Pre-Elección / Pre Hipnótica" para preparar y seleccionar al sujeto (paciente o participante) con quien vamos a trabajar en nuestras sesiones o shows de hipnosis. Si esta técnica de sugestión e inducción de dedos magnéticos o dedos pegados es realizada correctamente, nos permitirá lograr tres grandes cosas:

1° Preseleccionar correctamente el candidato más sugestionable con quien vamos a comenzar a trabajar en nuestras sesiones de hipnosis clínica terapéuticas o en nuestros shows de hipnosis callejera o de espectáculo.

2° Librarnos sutilmente de las personas que no están interesadas en realidad de participar en nuestras sesiones clínicas o show de hipnosis; o prevenir y detectar aquellas personas que tratan de retarnos, o simplemente que no están preparados aún para ser hipnotizadas, pero quizás más adelante se motiven a participar.

3° Preparar mentalmente al sujeto con quien vamos a trabajar, ganarnos su confianza, entrar en rapport con él, generar empatía y estimularlo a participar activa y voluntariamente de buena gana, con una intención de propósito positiva, que nos permita tener una excelente sesión de hipnosis terapéutica o realizar un buen show de espectáculo.

SIEMPRE TENGAMOS PRESENTE ANTES DE COMENZAR REALIZAR UN YES-SET

*Crear una situación de la cual conocemos las consecuencias psicológicas.

*Nos permite sincronizar por medio de la sugestión.

*Nos permite desviar la sugestión hacia un objetivo determinado.

La Familia SENSORIAL

Esta familia agrupa todas las técnicas que utilizan procedimientos sensoriales, tales como (técnica de fijación de los ojos propuestas principalmente por James Braid).

Esta técnica de la FAMILIA SENSORIAL, se deberán tener en cuenta las percepciones visuales "Fijación de la Mirada" (discos hipnóticos, péndulos, luces o lámparas estroboscópicas, franjas de color). Las percepciones auditivas "Tono de Voz" (ritmo, estilo y compás); también deben usarse todas las percepciones táctiles "Contacto Físico Kinestésico" (postura corporal, mirada, gestos, ademanes, micro expresiones faciales, lenguaje verbal y no verbal) entre otros. Porque todos estos procedimientos, que a nuestros ojos parecen técnicas diferentes, obedecen en realidad a la siguiente estrategia de la FAMILIA SENSORIAL:

(Veamos cómo funcionan estos métodos de forma sinérgica, holísticas y global) … Tomemos un ejemplo de esta ESTRATEGIA SENSORIAL:

CREAR UNA SITUACIÓN DE LA CUAL SE CONOCEN LAS CONSECUENCIAS PSICOLÓGICAS. Cuando colocamos las manos entrelazadas, con los dedos índices levantados en forma de "V", sabemos que aparecerá cierta atracción entre ellos. La función sensorial y fisiológica que entre en juego en los DEDOS MAGNÉTICOS es simple, como los tendones de los demás dedos están apretados, hace que los tendones en los dedos índices se muevan y se junten, atrayéndose automáticamente entre si... Y eso produce el efecto hipnótico que deseamos ¿Ya comprendes la Idea?

TRUCO: Como ves, intentamos crear una situación de la cual conocemos sus consecuencias, para luego atribuir estas consecuencias a que tiene ganas de dormir. (En realidad no hay relación, pero hay que hacerle creer que sí la hay)

POR EJEMPLO: En la prueba de los DEDOS MAGNÉTICOS, sabemos que cuando alguien está con las manos entrelazadas, ajustadas y los dedos índices levantados, en forma de "V" a unos 2 a 3 centímetros... Tarde o temprano va a atraerse entre sí. Si le decimos que primero van a atraerse sus dedos, y se atraen; cuando le decimos que va a comenzar a pegarse, ¡se pegaran! ¿Ves que fácil es?...

SINCRONIZAR POR MEDIO DE LA SUGESTIÓN.

La SUGESTIÓN del Hipnotizador puede hacer creer al individuo que él (hipnotista) mismo ha producido el efecto de los DEDOS MAGNÉTICOS.

Se trata, por tanto, de reclamar ese fenómeno hipnótico de la atracción de los dedos a nuestro favor; que, de todos modos, se habría producido naturalmente. La SUGESTIÓN del Hipnotizador es la que persuadirá al sujeto a creer que el fenómeno hipnótico DEDOS PEGADOS se debe a él (hipnotista). En ese momento, el considerates como las más prácticas, efectivas y poderosas. Entre ellas tenemos: (Sensorial, Fisiológica, Psico imaginaria y Psico conflictiva).

Estas técnicas en cualquiera de sus diferentes familias; se van realizando y combinando sutilmente en todo el transcurso de nuestras sesiones de hipnosis o en nuestros shows de espectáculo, a través de ciertas metodologías encubiertas que utilizamos como hipnotizadores sabiamente, para hacer más fácil nuestro proceso en la práctica de la hipnosis.

De esta manera, por medio de estas familias de la hipnosis "Sensorial, Fisiológica, Psico imaginaria y Psico conflictiva", preparamos a la persona, pre sugestionando al sujeto en su creencia en que la sesión terapéutica o el show de espectáculo se realizará satisfactoriamente. Es decir, que, a través de estas técnicas o pruebas encubiertas, pruebas de sugestionabilidad, convencedores y profundizadora de estados hacemos "(creer, sentir y experimentar)" a la persona en cuestión que lo que está viviendo es real. En otras palabras, estas técnicas de sugestión e inducción nos sirven para comprobar el estado de hiper sugestionabilidad del sujeto, y poder usarlas a nuestro favor, a fin de producir el (estado de trance deseado) y generar así, los fenómenos hipnóticos.

RESUMAMOS: Una de las cosas esenciales que hay que conseguir aquí (durante las pruebas, los convencedores y los profundizadores de estados) Es activar en la persona su HIPER-SUGESTIONABILIDAD, (capacidad de recibir órdenes, sugestiones e inducciones) que le permita finalmente al sujeto creer, sentir y experimentar que la HIPNOSIS ES REAL, y que es posible ser hipnotizado...

Lo que sigue a continuación; son una serie de técnicas y metodologías para producir y generar reacciones tanto FÍSICAS (ideos motoras, ideos sensoriales o ideos emocionales), FISIOLÓGICAS (función orgánica o respuesta natural del cuerpo) y PSICOLÓGICAS (sugestionabilidad o respuesta inductiva creada por nuestra mente y pensamientos). Que utilizaremos como ejercicios de inducción mental, para lograr nuestro objetivo (hipnotizar). Estas 4 familias de la hipnosis (Sensorial, Fisiológica, Psico imaginaria y Psico conflictiva) son el primer peldaño de la escalera hipnótica y deben ser aprendidas y entendidas bien para poder realizar las diferentes pruebas encubiertas, pruebas de sugestionabilidad, convencedores y profundizadora de estados que estudiaremos a continuación.

PRUEBAS ENCUBIERTAS, PRUEBAS DE SUGESTIONABILIDAD, CONVENCEDORES Y PROFUNDIZADORA DE ESTADOS HIPNÓTICOS.

La primera técnica que vamos a conocer es la de los DEDOS MAGNÉTICOS de la FAMILIA SENSORIAL. Como me referí anteriormente, este tipo de herramienta nos permiten poder evaluar sutilmente, el grado de hiper sugestionabilidad de la persona... Esta técnica de DEDOS MAGNÉTICOS o Dedos Pagados tiene dos componentes uno FISIOLÓGICO, y otro componente SENSORIAL...

La técnica de los DEDOS MAGNÉTICOS, esta fundamentadas en (2) metodologías.

"1° Fisiológica" Función Orgánica o Respuesta Natural del Cuerpo

"2° Sensorial" Sugestionabilidad o Respuesta Inductiva Psicológica